内蒙古财经大学工商管理学术文库
NEIMENGGU CAIJING DAXUE GONGSHANG GUANLI XUESHU WENKU

PSYCHIC DISTANCE AND CHINESE ENTERPRISES OVERSEAS M&A
EQUITY CONFIGURATION STRATEGY RESEARCH-BASED ON 2004~2015 SAMPLES

薛 君◎著

心理距离与中国跨国并购股权选择研究

——基于2004~2015年样本

中国财经出版传媒集团

经济科学出版社
Economic Science Press

图书在版编目（CIP）数据

心理距离与中国跨国并购股权选择研究/薛君著．
—北京：经济科学出版社，2017.12
（内蒙古财经大学工商管理学术文库）
ISBN 978 - 7 - 5141 - 8952 - 0

Ⅰ.①心⋯　Ⅱ.①薛⋯　Ⅲ.①企业 - 跨国兼并 -
股权管理 - 研究 - 中国　Ⅳ.①F279.247

中国版本图书馆 CIP 数据核字（2018）第 006286 号

责任编辑：庞丽佳
责任校对：靳玉环
责任印制：邱　天

心理距离与中国跨国并购股权选择研究
——基于 2004 ~ 2015 年样本

薛　君　著

经济科学出版社出版、发行　新华书店经销
社址：北京市海淀区阜成路甲 28 号　邮编：100142
总编部电话：010 - 88191217　发行部电话：010 - 88191522
网址：www. esp. com. cn
电子邮件：esp@ esp. com. cn
天猫网店：经济科学出版社旗舰店
网址：http://jjkxcbs. tmall. com
固安华明印业有限公司印装
710 × 1000　16 开　11.5 印张　230000 字
2017 年 12 月第 1 版　2017 年 12 月第 1 次印刷
ISBN 978 - 7 - 5141 - 8952 - 0　定价：39.00 元

总　序

　　《国家中长期教育改革与发展规划纲要（2010～2020）》提出要全面提高高等教育质量、提高人才培养质量、提升科学研究水平、增强社会服务能力、优化结构办出特色。国家更高水平的普及教育使新增劳动力平均受教育年限由 12.4 年提高到 13.5 年，要求高等学校能为社会和区域经济发展培养输送更多高素质人才。"十三五"时期，高等学校将面临重大机遇与严峻挑战。一是人力资源强国战略对高层次应用型人才提出新的要求。二是学位授权审定办法改革以及"双一流"建设促使高校加快学科专业优化调整。三是以互联网为代表信息技术对高等教育改革产生全方位影响。四是国家倡导深入推进高校创新创业教育改革对人才培养提出新要求。五是在国家"一带一路"倡议的背景下，地处边疆民族地区的高校有了更多的跨国际、跨民族、跨文化交流、合作和竞争的机会。六是深化综合改革是高校未来一段时间建设和发展的重要主题。高等学校正在由外延型发展转变为内涵式发展，如何调整内部结构，优化学科专业布局，突出办学特色，已经成为所有高等学校面临的重大抉择。同时也对高等学校进一步提高人才培养质量，提升学校的社会影响力和竞争力提出了更为迫切的要求。

内蒙古财经大学工商管理学院是内蒙古自治区工商管理教育的重要基地，承担着内蒙古财经大学工商管理一级学科、内蒙古自治区级重点学科——企业管理二级学科建设任务，同时也是企业管理专业硕士学位授权点、内蒙古中小企业发展研究基地的"领衔"建设单位。

内蒙古财经大学工商管理学院经过几十年的建设和发展，以"育人为本、质量立校、人才强校"的办学理念为根本，坚持以"调整结构、优化布局，突出特色、强化应用，开放合作、服务地方"作为发展思路，立足内蒙古，面向全国，接轨国际，已经成为内蒙古地区特色鲜明、优势突出，有较高社会影响力的集管理理论研究与应用、专业人才培养与社会服务于一体的高水平的工商管理学院。

"十二五"期间，工商管理学院以学科建设为龙头，以课程建设为基础，以课堂教学质量为抓手，着力加强师资队伍建设取得明显成效。目前具有高级职称的教师在专任教师中的比重已达到70%；博士和在读博士的比重已近40%；具有海外访学经历的教师所占比重达到30%。并涌现出许多优秀的中青年教师。他（她）们在各自的研究领域辛勤耕耘，无畏探索，勇于创新，特别是在交叉学科和边缘学科的研究以及学科融合方面做出了大胆有益的尝试，取得了较好的阶段性成果。概括地讲他（她）们的研究成果具备以下特点：

1. 前瞻性。选题的视角非常超前和独特，他（她）以学者的眼光敏锐捕捉到当前经济生活中的一些鲜为人知的经济现象，通过抽丝剥茧的方式，由表及里深入分析，探寻隐藏在经济现象背后的具有规律性的事物本质。

2. 原创性。许多问题的研究已远远超出了管理学的研究范畴，形成多学科融合的研究范式。并对以此为基础构成的交叉学科和边缘学科进行系统分析，提出了许多独到的见解和观点。

3. 实践性。对于社会科学而言其实践的重要性是不言而喻的。许多理论问题的提出、论证和分析，都是经过了大量深入细致的社会调研采集的数据，并运用相关的数理模型进行实证，最终获得的结论。

为了这些阶段性成果能够早日与读者分享，也为了他（她）们在自己的研究领域能够持续进行研究。我们从中选取了一些具有代表性的成果，准备分期分批以学术专著的形式出版，并确定丛书名为内蒙古财经大学工商管理学术文库。

希望工商管理学术文库的正式出版和发行，能够为工商管理学院的老师们潜心科学研究提供更大的平台和空间，让那些有志于科学研究的有识之士在科学研究的世界中坚持始终，自由驰骋。也希望学术文库的出版和发行，能够极大地调动广大中青年教师科学研究的积极性，激发教师们的科学研究潜能。并以此为基础和动力，使工商管理学院能够聚集高层次人才，凝练科研方向，形成结构合理的学术团队。力争在"十三五"期间，取得一批高水平的科学研究成果，涌现出更多的学术带头人和学科领军人物。持续提升工商管理学院在内蒙古地区乃至全国的影响力和竞争力，继续提高工商管理学院对区域经济和社会发展的贡献度。

诚然，任何真理的探究之路一定是曲折和漫长的，而社会科学还要经过实践和时间的检验才能判断其合理与否。但是做一个勇敢无畏的探索者永远值得人们尊敬！文中的许多观点和见解属一已之见，有错误和不足之处欢迎大家批评指正。最后，非常感谢经济科学出版社对内蒙古财经大学工商管理学术文库的出版和发行所给予的鼎力支持和帮助！

内蒙古财经大学工商管理学院院长　周建民
2016 年 12 月 31 日于呼和浩特

前　言

　　心理距离与国际市场进入模式和国际直接投资方式的选择一直以来引起了学术界的热切关注和讨论，其中的文化和制度维度也逐渐成为理论研究的热点问题。美学理论认为，心理距离是研究人们对于不熟悉的外来事物具有的心理反应及其应对结果。自贝克曼（Beckerman，1956）在研究距离和贸易之间关系时首次应用了心理距离概念（Psychic Distance）以来，到目前为止仍难有一个学者公认的概念界定，同时在研究中，对心理距离的识别与测量方法也是各不相同。尽管如此，就心理距离与跨国投资活动特别是跨国并购活动的关系如何、到底产生了哪些影响等主题，一些学者进行了探索研究，并逐步产生了有价值的研究结果。在不同学者的研究中，由于构造的心理距离维度不同，其各个维度的影响结果符号有正、有负，导致产生了所谓的"心理距离悖论"。这意味着尽管跨国直接投资要面临着因心理距离制造产生的各种障碍，即符合"外来者劣势"范畴，但同时，也能享有较高的"外来者收益"，需要权衡这两方面的影响。

　　本书将研究国际化经营的传统理论与着重研究发展中国家企业国际化模式的套利理论、跨国经营战略动机论等理论观点相结合，从心理距离界定出发，着重研究了影响跨国并购股权配置的因素。目前，从国际直接投资角度分析解读市场进入模式选择的理论与实证研究成果来看，主要集中在两个方面，首先是国际市场进入的动机及其影响因素，进而进行适合的东道国选择决策；其次是进入某国后选择何种投资模式要考虑的影响因素，进而进行适合的控制权配置决策。本书梳理了心理距离研究视角的相关文献，结合宏观和微观两方面，对影响跨国并购的股权配置因素进行了理论和实证研究，在研究理论基础的过程中，我们发现，既有研究成熟发达国家跨国投资的传统理论，也包括研究新兴发展中国家的特色理论。本书在对各个研究视角的观点进行比较分析的基础上，提出了本书拟研究的关键领域，即市场进入模式－跨国并购——股权选择－心理距离。通过整合各个理论观点及自己的研究理解，建立了一个较宽和较新的心理距离理论框架，以此来分析心理距离和跨国并购股权投资之间的复杂关系，提出了相应的理论假设。

实证方面，作者收集了 2004～2015 年间中国大陆企业对 55 个世界重要的经济体国家和地区的并购案数据，构筑了实证指标结构，对计量公式和计量方法进行了一定程度的改进。实证结果表明，心理距离各个维度指标对跨国并购股权比例存在着不同方向和不同水平的影响关系。特别是在面临着较高的跨国经营风险和不确定条件下，这一影响表现得更加明显和复杂；同时，并购的不同动机及决策者知识和组织经验对并购股权具有一定的调节作用。目前，中国的跨国投资大多表现为基于机会识别而非风险识别进行的决策，与发达国家的跨国公司相比，还缺乏较明晰的目标和较全面、缜密的投资战略。因此，本书作者认为，中国企业需要正视海外并购股权决策面临着经验不足、谈判实力不够的现实，加强对目标企业的资产和财务状况进行准确评估的能力，尽量避免并购行动的盲目性和急迫性（易招致东道国或合作方的误解）；同时，应做足并购前的尽职调查，尽力排除信息障碍导致的共享观念缺失和信任不足的心理倾向（这会给今后较长时期的海外并购活动及并购之后的整合埋下风险和隐患）。本书研究的结论表明，中国企业的海外并购受心理距离影响程度仍然较大，决策者的心理成熟度仍然较低，海外投资仍有很长的学习之路要走。

本书的研究结果能够较好地解释心理距离和跨国并购股权寻求之间的关系悖论，对中国企业在跨国并购中寻求一个较高水平的股权现实提供了一个解释性依据。同时本书研究结果对于提高中国企业跨国并购股权决策的有效性也提供了一条参考途径。本书具体研究内容及主要观点是：第 1 章导论，介绍了选题背景、选题的理论意义和现实意义、研究的思路与方法、研究内容与框架、研究创新点与难度等。在大量参考国内外相关研究文献的基础上提出了本章的研究思路。第 2 章进行了文献综述，从国内、国外两个方面综述了该内容的研究现状，并对文献进行了述评。值得一提的是，本书指出了该领域现有理论研究的不足、分析了当前的研究热点与今后需展开研究的方向。第 3 章提出研究假设、构筑概念模型。重点分析了传统跨国投资的交易成本理论、国际生产折衷理论、乌普萨拉国际化过程理论及新兴发展中国家国际市场进入的套利论、谈判论和跳跃型发展路径等理论观点。通过比较各个理论观点和整合各个理论视角的基础上，提出了本书的研究假设。研究假设既借鉴了前人的研究，也具有新的尝试。个别理论假设是前期学者们并未验证过的，具有一定的前瞻性。第 4 章是本书的重点与难点——实证研究的设计。本书构筑了对心理距离的实证分析模型——分别对文化距离、制度距离、商业实践、经济和地理距离等计量的指标进行了量化定义和大量数据的预处理。本章在理论分析的前提下，结合我国企业海外并购实际提出了可操作性的研究构想模型。通过对每个维度变量的选取进行了详细的分析与说明，进一步理清了可采用的实证方法和模型，并对样本来源和处理方法做出了适应性调整。第 5 章是实证研究，利用相应的统计分析软件 SPSS 进行了制度距离 6 变量的主成分分析，10 年共提取了 10 次。相关的 15 个变量利用 STATA 软件进行了回归检验，输出了实证检验结果。验证结果剔除个别指标外，达到了我们的预计要求。第 6 章是结论分析与展望，本章对研究结论进行进一步的探索分析，指出本书的研究局限。从企业和政府两个方面提出了防范跨国并购风险、缓解心理距离影响的举措。进而，在考虑不同视角前提下，为我国企业跨国并购的股权选择提出了具体应对策略，这也为政府政策助力中国企业的跨国投资提供了参考。

　　本书的创新点在于，一方面，丰富了跨国并购的相关理论和实证研究，尝试将客观的阻碍信息流动与搜寻和主观感知的距离识别包括空间距离变量和企业信息差异变量同时纳入所构建的心理距离概念框架及其研究模型中，在一定程度上对研究指标进行了归类与拓展，将心理距离构成维度划分为三个层面，构建较为适当的量化指标，以期能真实地反映心理距离要素对中国的跨国投资所产生的影响。另一方面，在尝试利用霍夫斯泰德（Hofstede）文化6维度指标来度量文化距离时，在计量公式上首次加入了体现时间效应的T值。本书的研究结论表明，在考虑了时间效应（文化距离指数逐年降低）的条件下，文化距离其负向影响仍然存在，但不显著了；而制度距离带来的正向影响对2011年以前的并购表现更加突出；同时，语言的影响效应也依然不能忽视。本书的新颖之处还反映在对商业实践差异的计量上，首次采用了企业监管质量评级和企业信息披露程度的评价指标。这两类指标与并购投资企业的股权选择关系密切，而以往学者却较少使用；本书替代了之前采用的市场规模、市场政策或商业法规等指标，以更客观地反映出商业实践环境的国别距离。

本书的研究局限是，只研究了中国跨国公司的并购（M&A）进入模式，并未就跨国并购的产权重组与控制权转换的过程展开研究；同时，鉴于对跨国公司决策者的个人经验、海外经历、背景等具体信息无法了解，因而对决策者心理距离的非对称性感知及其并购决策的风险偏好等存在难以识别的困难，本书没有对此进行进一步的计量；另外，由于样本局限，本书只从并购方出发，研究了中国企业跨国并购的样本，没有对被并购方企业的决策反应进行对应性的研究。按照赫纳特和帕克（Hennart and Park，1993）的研究观点，在进入国外市场时，市场跟随者比起市场领导者更倾向于并购方式，需要对比两者间的关系；坎特威尔和穆德布（Cantwell and Mudambi，2011）认为，在跨国并购的股权及控制权决策过程中，东道国企业对比外来竞争企业的地位如何会影响到知识的搜寻行为与成本，这些主题需要谨慎关注。即并购双方的竞争地位也是要考虑的影响并购决策的要素，这些观点为我今后开展进一步研究提供了有益的思路和方向。

薛君

2017年11月

目　录

第 1 章

导　论

　　20 世纪 90 年代以来，中国逐步从一个吸引外国直接投资最多的发展中国家变成向海外直接投资增长最快的发展中国家。据联合国贸发会议发布的 2016 年世界投资报告显示，2015 年全年，全球 FDI 呈现较大的复苏形态，爆发式增长达 38%，出现了自 2008 年以来的最高增长。其中 60% 是由跨境并购完成的增长，与中国公司相关的交易额从 2014 年的 4320 亿美元增长至 7210 亿美元。2015 年，中国对外投资增长了 4%，达到 1270 亿美元，仅落后于美国和日本。中国也是对内投资吸引力大的地区之一，整体 FDI 流入增长了 6%，达到 1365 亿美元，是全球第二。通过对部分发达国家的大规模海外并购，我国也变成了其主要外资来源国。近两年，随着"一带一路"战略的推进，中国在发展中国家寻求适当的产能合作，该类投资也快速增长。可以预见"一带一路"带动的中资出海将会使投资存量全球排名从第十位进一步上升至第六或第七位。[①]

　　中国对外投资的行业和国家范围非常广泛。据商务部的数字显示，2015 年，在全球 155 个国家和地区，我国对 6500 多家企业进行了跨境投资，累计投资存量首度越过万亿美元。投资流量亿美元以上的国家和地区 54 个，超过 10 亿美元的有 13 个。除了中国香港、开曼、英属维尔京群

---

① 刘一庆. "一带一路"助推我国对外投资逆势上扬［N］. 中国产经新闻，2015 – 6 – 25.

岛三个避税岛外，余下10个国家既有美国、澳大利亚、加拿大等发达市场国，也有新兴发展国新加坡、印度尼西亚、哈萨克斯坦、老挝、巴西，还有老牌欧洲国家荷兰、卢森堡等。2015年中国企业共实施的海外并购项目593个，北美和欧洲等成熟市场仍然是海外并购的最重要目的地。据普华永道最新报告显示，2015年中国企业海外并购交易总数量同比上升了37%，交易总金额同比上升了80%，达到了551亿美元，仅2016上半年，又完成1340亿美元，超过了2014年和2015年之和，创历史峰值。2014年，我国对外投资的60%是通过并购完成的，从发生地来看，中国海外并购发生在北美洲有96件、欧洲83件、亚洲64件、大洋洲17件、非洲7件、南美洲5件。民营企业海外并购的交易数量继续领先国有企业。据联合国贸发会议的数据显示，2015年流入欧洲的和美国的FDI投资量均增长强劲，美国更是达到翻了两倍。在积极吸引对外投资的同时，有近50个国家和经济体发布了约100项与促进外商投资的相关政策措施，其中的70多项是促进投资自由化政策，只有13项制定了新的投资规则和限制，另外12项为中性的措施。可以看到，促进投资自由化政策的占比达到了85%，高于近五年来的平均水平。这说明，禁锢贸易自由化的观点处于少数，世界性跨国公司及大多数国际经济组织倾向于消除壁垒，扩大贸易的自由度。

1.1　研究背景

在全球经济持续走低压力下，中国企业的海外并购数量反而不断增加，表现为并购金额不断刷新历史高度。2015年的并购行业更是包罗了几乎所有行业。中化橡胶公司高达46亿欧元的收购案，完成了对意大利倍耐力公司股份的60%，成为2015年中企最大海外投资并购项目。

表1-1　　　　　　　　　　　2015年中国并购市场类型分布

并购类型	案例数 （件）	比例 （%）	披露并购金额 （人民币亿元）	金额比例 （%）	均并购额 （人民币亿元）
国内并购	2409	89.5	8145.72	78	3.90
海外并购	222	8.2	1936.99	18.6	10.53
外资并购	61	2.3	354.54	3.4	8.06
合计	2692	100	10437.25	100	4.50

资料来源：私募通 www. pedata. cn 2016.01。

　　2016年刚开年，北京控股集团就爆出了拟以14.4亿欧元购买德国的EEW能源公司（垃圾处理），创下了中资对德国企业收购的最高纪录。1月12日，万达集团宣布以35亿美元（约230亿元人民币）收购美国传奇影业公司，据称是中国企业在海外最大的一笔文化并购。2月3日，中国化工集团谈判达成以430亿美元收购全球第一的瑞士农化和种子公司先正达农药公司的协议。此前从2005年至现在，中国化工集团宣布的海内外的并购交易花费已高达150亿美元。收购先正达公司又将成为中国在欧洲最大规模的收购案。1月15日，青岛海尔宣布斥资54亿美元收购通用的家电业务（6月7日公告透露，海尔已进行资产交割，最终的支付价为55.8亿美元）；1月29日，深圳女装品牌歌力思宣布以2.4亿元人民币收购美国潮牌Ed Hardy的大部分股权；2月19日，海航集团公告称，已与美国公司英迈（Ingram Micro Inc）签署了总价60亿美元的并购协议（英迈系全球最大的IT分销商），以每股38.9美元现金收购其100%的股权，并购完成后，英迈将成为其子公司——天津天海投资股份公司的子公司；4月7日，复星国际旗下全资附属公司爱润烁（Iron shore Inc）将收购莱克森（Lexon Surety Group）及其关联公司（合称"Lexon"，总部设在美国田纳西州纳什维尔市的一家私有保险控股公司）剩余80%的股权，完成交割后，莱克森将变成爱润烁全资子公司；7月26日，乐视贾跃亭宣布了20亿美元对美国维泽（Vizio）（全美智能电视市场排名第二）的收购……

观察当前我国企业的海外并购，表现出如下特点：在选择并购企业时，既看重国外老牌优势企业的技术和研发能力，同时对新兴产业的并购数量也逐步增多。例如，三一重工对世界混凝土领先企业德国普次麦斯特公司的并购；海尔对新西兰家电公司费舍佩科（Fisher and Paykel Appliances）的并购；光明集团收购英国著名食品企业唯他麦 60% 股权等。2012 年，民营企业汉能控股公司对德国的库塞尔斯（Q - Cells）薄膜公司进行了并购，次年，又对美国迈瑟尔（MiaSole）公司展开收购，这两次大规模收购案的完成，实现了汉能对铜铟镓硒（CIGS）转化技术的掌握，使其薄膜太阳能领先全球；天顺风能对位于丹麦的瓦德（Varde）风机工厂的成功收购也具有类似的意义。据彭博社撰文介绍，自 2007 年开始，中国对美国的直接投资规模急速增长，目前已超过了 400 多项。投资的重点从开始的资源开采类、低端加工制造类行业转到了技术密集类，特别是再生能源、大型计算辅助设备、医疗技术、金融服务、影视、商业地产类等行业；其他类行业包括精密机械制造、交通运输、中高档饭店及民用房地产等，投资额度也逐年增长。清科研究中心的数据显示，2013 年中国跨境并购共完成 138 起，涉及交易额 514.63 亿美元，单项平均交易金额高达 4.86 亿美元。2014 年，中国完成海外并购 152 起，涉及交易金额 324.19 亿美元。2015 年，完成 222 起海外并购，平均每起超过了 10 亿元人民币。从全球及中国的经济发展态势看，未来海外的并购活动势必占中国境内的并购活动比例越来越高，IMF 预计，随着欧元区债务危机和美国高失业率笼罩世界经济，新兴经济体将继续领导世界经济增长。2015 年，乌兹别克斯坦、爱尔兰、印度成为世界经济增长最快的前三强国家，中国增长率排名第四。除了印度这匹黑马外，作为人均 GDP 已经达到 5 万美元的高度发达国家爱尔兰，在欧美普遍经济增长乏力的背景下逆势而上，GDP 增长高达 7.8%。据世界银行数据显示，2015 年，全球 GDP 总量超过万亿美元的国家有 15 个，中国首次超过 10 万亿美元，排名第二。①

---

① 其他国家的数据参考中商情报网：HTTP：//WWW. askci. com/，2016 - 7 - 26。

当前我国国际直接投资表现出的另一特点是，虽然中国企业的海外并购数量和金额有不断增加的趋势，但总体上国际直接投资流量和存量在世界总量上的占比较少，影响力相对有限。中国的对外直接投资逐年增长，而与世界上其他国家经济复苏乏力的现实相对照的是，在全球的直接投资量不断下降的现实境况下，中国却连续 3 年增长率全球排名前三，而且还实现了对内、对外投资流向的比重均衡。根据中国 2014 年发布的投资统计数据显示，中国对外的 FDI 流量按照三类产业，占比分别是 1%、25%、73%；从存量占比看，与流量的占比比重接近一致。投资存量超过千亿美元的行业集中在金融服务业、租赁与商务服务、采矿及流通领域的批发零售业。然而全球范围，2015 年中国投资的全球占比仅为 12%，占全球外国直接投资流出存量的比例升至 3.4%，其资本输出额占 GDP 的比重指标则远远落后于欧美国家水平。

希尔（Hill，2003）认为，如果在市场较为成熟的国家进行海外投资，则以并购为主要模式；如果该国市场仍处于发展阶段，即难以找到合适的企业进行并购，则尽量选择绿地投资模式进入该国市场。应用希尔的理论观点，则中国在发达国家和地区的海外并购还有很大的空间。事实上，金融危机爆发以来，许多发达国家具有品牌、技术和优秀资产的企业，其并购成本和难度大大低于以往，使得原先集中于亚洲的中国企业海外并购区位迅速转移至发达国家（如北美、欧洲等），体现了中国企业在通过并购实现自身发展目标的同时，也以更加成熟的视角来整合全球资源。然而我们不能忽视的现实是，由于影响海外并购的因素复杂、并购经验相对匮乏，导致我国海外并购整合的成功率相对较低。正所谓"好吃难消化"，这也使得我国许多企业对海外并购这一模式望而却步，其结果是中国海外并购与主要发达国家的海外并购对比金额、比重仍然偏低。表 1-2 着重标明了中国对外投资存量最大的四个行业。

表 1-2	2015 年中国分行业对外直接投资存量	单位：万美元
农、林、牧、渔业对外直接投资存量		969179
采矿业截至本年对外直接投资存量		2372524

续表

制造业截至本年对外直接投资存量	5235194
电力、燃气及水的生产和供应业截至本年对外直接投资存量	1504089
建筑业截至本年对外直接投资存量	2258325
交通运输、仓储和邮政业截至本年对外直接投资存量	3468163
信息传输、计算机服务和软件业截至本年对外直接投资存量	1232599
批发和零售业截至本年对外直接投资存量	10295680
住宿和餐饮业截至本年对外直接投资存量	130704
金融业截至本年对外直接投资存量	13762485
房地产业截至本年对外直接投资存量	2464903
租赁和商务服务业截至本年对外直接投资存量	32244391
科学研究、技术服务和地质勘查业截至本年对外直接投资存量	1087324
水利、环境和公共设施管理业截至本年对外直接投资存量	133365
居民服务和其他服务业截至本年对外直接投资存量	904271
教育截至本年对外直接投资存量	18464
卫生、社会保障和社会福利业截至本年对外直接投资存量	23060
文化、体育和娱乐业截至本年对外直接投资存量	159522
截至2014年对外直接投资存量总额	88264242

资料来源：统计局国家数据。

　　波特（Porter，1987）指出，跨境并购是一个在新市场获得立足点和快速获得经营业务的方式，但也是一项充满风险的战略，即使是在国内背景下进行，也涉及很高的失败率。当然，跨境收购的风险因不同国家的文化和营业系统等因素差异而更加严峻（Barkema，Bell，Pennings，1996）。国际并购与国际间接投资的根本区别在于是否获得被并购企业的控制权，并由此形成处于核心地位的无形资产，而货币资本则处于辅助地位。具体表现为不仅要寻求一定比例的股权，而且其直接目标就是获得被并购企业的控制权。

　　南楚姆和乍希尔（Nachum and Zaheer，2003）则直接点明了由"距离"所导致的成本差异是跨国直接投资的主要动因。当前文献中对"距离"的识别除了空间地理上的，还扩展到对经济、文化、政策、制度等多个维度。因此，在当前背景下，系统研究距离认知要素及其对中国企业海外并购股权选择的影响，对于提高中国企业海外投资效率及海外并购的成功率具有重要的理论意义、现实意义和实践价值。

表1-3　　　　　　　中国与主要发达国家海外并购金额　　　　单位：百万美元

年份 国家	2005	2006	2007	2008	2009	2010	2011	2012	2013	2014
英国	47855	12453	230269	52619	27605	3851	69638	2118	3514	79128
法国	58432	46387	73312	66800	42175	6180	37090	3051	2177	16586
德国	5450	15757	59904	63785	26928	7025	5644	15674	6833	29490
美国	90568	115588	180929	30868	24108	7747	35685	72528	58672	86812
日本	4658	17281	29607	49539	17632	31271	62263	37795	54898	44985
中国	6041	12209	1526	35878	23402	29828	36364	37908	50148	39580

资料来源：根据联合国贸发会议世界投资报告（UNTAD World Investment Report 2015）整理。

表1-4　　　　　　　中国与主要发达国家海外并购个数

年份 国家	2005	2006	2007	2008	2009	2010	2011	2012	2013	2014
英国	1112	1196	1373	1104	695	799	916	780	758	859
法国	509	563	708	654	450	505	529	438	401	481
德国	505	534	618	579	502	431	519	465	400	423
美国	1817	2066	2245	1966	1379	1724	1896	1879	1686	2061
日本	303	299	306	310	297	341	398	460	383	440
中国	118	118	159	154	187	245	258	287	283	331

资料来源：根据联合国贸发会议世界投资报告（UNTAD World Investment Report 2015）整理。

中联重科总裁詹纯新说过，并购的信息搜寻成本及文化的差异性一度困扰不少中国企业，这正是中国企业在海外布局尤须重视的关键。为缩小这些距离，中联重科兼并西法后，保留了其原有的经营团队，原董事长继续留任，出任副总裁。得益于此，西法的采购成本降低了 20% 左右，产品的国际竞争力大幅提升。詹纯新深刻理解到，对外投资需要找到东西方文化的共性，通过了解、认识西方文化、遵守当代契约精神、主动担当成果、风险等行为来赢得信任，这是中国企业海外投资受欢迎的表现。经历了出海困扰的中国企业风险管控的"短板"也有了可喜改变，随着国际化步伐的加快，风险管控越发得到重视。高盛集团跨境并购部负责人德尔法韦罗说："过去一年，中国企业成功地完成了一些非常显著的交易，而且他们已经开始提高对执行风险的认知。"

1.2 研究意义

1.2.1 理论意义

分析我国企业海外并购有重要的理论意义。

首先，本书的研究框架部分拓展了海外直接投资的理论研究视角，为更进一步从宏观、中观和微观三个方面解答对海外并购战略行为的影响与作用机制的理论难题提供了一种可能。安科森和盖提侬（Anderson and Gatignon，1986）、罗（Luo，2001）利用交易成本理论分析指出，在跨境并购与收购（CBAs）过程中，股权的选择非常重要，因为这影响到进入国外市场的资源承诺、风险、回报和对海外子公司的控制力。然而，传统理论是否适应于研究新兴发展中国家跨国投资，进而对其海外并购行为是否具有特殊异质性特征等议题，目前仍是悬而未决并引起许多学者热烈的讨论。大家的共识是，相对于吸引外资方面的研究，对中国企业的海外并购研究则明显不足。究其原因，与我国前期投资发展还处于吸引外资为主、对外投资为辅，直到近期才进入国际双向投资平衡的过渡阶段有关。近几年，随着"走出去"和

"一带一路"战略的推进，中国企业海外并购的热情不断高涨，海外并购的风险和障碍也引起越来越多学者的关注。而邓宁（Dunning，1995）在分析补充国际生产折衷理论后指出，发展中国家在"不完全竞争市场"条件下，不符合 OIL 范式的企业从事海外并购存在着较高风险。我国学者则从海外并购的策划、执行及整合三阶段出发，从非经济因素、品牌认同、文化与管理模式等不同角度考察了中国企业海外并购的风险（李少红，2005；吴世艳，2009）①。罗和唐（Luo and Tung，2007）在研究新兴发展中国家对外投资模式时指出，股权并购的模式是一种以取得或拥有国外企业经营控制权为特征、以获得利润或其他利益为目的投资进入方式。新兴国家的跨国公司可以利用并购作为国际扩张的跳板，从而克服外来者劣势和获得发达国家的关键资产；采取海外并购方式还有规避本国制度不足和突破贸易壁垒的好处。而从企业角度看，并购模式作为跨国公司海外市场进入模式的一种选择，还面临着全资控股还是分享股权的决策问题。

本书在系统归纳和梳理国外现有文献关于海外市场进入模式选择影响的相关研究成果前提下，构建一个以海外并购股权比例选择行为为观察变量——心理距离因素为核心影响变量的分析框架。同时考虑时空差异和与并购目标企业间差异，作为对海外并购股权份额选择的调节变量，以揭示中国与主要投资体间的来自心理距离因素的影响与作用机制。

其次，在中国深化改革的背景下展开研究，可以大大增加对相关新兴经济体研究理论的概括性。2006 年以来，跨境并购投资的资金流向开始由大型新兴市场流向成熟市场，中国企业的海外并购也呈现出较明显的特点：并购企业所有权归属不同，所感兴趣的并购标的也呈现出较大差异，表现出国有企业的海外并购集中于资源领域，而民营企业则更垂青消费领域的品牌、知识产权技术购买机会等。目前，相关研究大都是基于发达国家之间或是发达国家进入发展中国家的跨国公司样本，"从事跨国投资，国与国之间未识

① 李东红. 中国企业海外并购：风险与防范［J］. 国际经济合作，2005（11）：16－19.
吴世艳. 金融危机背景下海外并购分析［J］. 国际经贸，2009（2）：38－39.

别因素存在的差异很难加以控制"（Atikinson and Brandolini，2001）。我们认为，这些差异既为中国海外投资提供了机会，同时也伴随着决策风险地不断增长，值得我们深入研究。因此，立足于中国情景进行较为系统的研究，而不是对欧美国家理论研究进行重复验证，对于增加相关理论的概括性具有重要意义。欧美等发达国家和转型发展中国家在政治体制、经济制度、商业实践、文化背景等环境方面有着包含复杂性和动态性的显著差异。

鉴于从距离与心理距离感知的视角来研究跨国投资，其影响因素与作用机制非常复杂，国内外学者的相关研究还较少。特别是依据现有高阶理论研究观点，虽然认为高管特征是高管战略选择及企业绩效的决定因素，与可观测特征（年龄、职业、教育背景等）相比，心理特征（价值观、认知基础等）对高管决策行为的解释力更强（Hambrick and Mason，1984），然而此前的文献较少涉及从海外并购股权权衡这一心理特征角度来衡量心理距离各个"距离引致"因素导致的并购战略选择及并购绩效的不确定性、并购风险及其影响的程度、方向。本书的研究有助于弥补对并购股权选择的各种影响变量及其作用机制研究的不足，同时，本书研究发现也将有利于加深对心理距离引致来源的理解，帮助中国企业加深对海外并购风险的识别、对获取更大控制权收益的股权决策提供新的思路，进而，为后续对中国海外并购的进一步研究提供一个有价值的视角。

1.2.2 实践意义

与引进外国直接投资相比，鼓励中国企业走出国门，发展"追赶型"海外并购（cross-border M&A）是获得国外先进技术更为有效的途径。中国企业正在利用全球化的机会，利用其低成本制造技术、质量控制等优势进入跨国公司全球生产体系，通过海外并购寻求更加有利的投资区位和资源优势。根据相关统计数据，2005 年以来，海外并购投资在我国对外直接投资的金额比均超过三分之一强，2010 年更是高达 43.2%，明显高于全球海外并购（M&A）同期占比25.2%的水平。同时，中国海外并购的股权安排，多数是以取得控股权或全资收购为特点。但未能成功实现并购的交易也占到一半数量。据 BEA 东亚银行的统计，从 2008 年 1 月至 2014 年前 5 个月，共计有 1164 起由中国企业发起并正式公布的海外并购交易，总金额达 2785 亿美元。其中成功完成交易的占比为 53.50%。也就是中国企业发起的海外并购有接近一半的交易最终会失败。一项来自 BCG 的调查显示，从事跨国投资的中国企业只有 32% 认为交易是"无故障"的。进一步从对外直接投资绩效指数 OND① 可以看到，中国的这一指数仅为 0.56，仅为发达经济体 1.07 的一半左右，甚至还达不到发展中经济体平均指数 0.73 的水平。对比印度，该指数却一直在上升，而中国则处于下降之势。这说明我国跨国投资的进程仍处于初级的摸索阶段，尽管规模日益增大，然而效率并没有提高。

自世界性金融危机爆发以来，各国出台的旨在促进海外自由投资的政策数量陆续减少，而一些限制外国资本流入的政策占比却逐年增加。为了更好地开拓海外市场，跨国企业越来越多地选择通过并购来有效地减少和规避东道国的贸易壁垒，并以此来减少在当地市场上的竞争对手。中国公司获得跨境目标必须应对政策、市场缺陷等导致的更高交易成本及可能对东道国知识缺乏的风险。东道国环境与本国的实质上不同，提高了海外经营的复杂性及相关的挑战（Mezias，2002）。即使在制度、规则、文化、政治和社会结构或经济状况没有明显差异的条件下，企业也面临着进入新环境的不利态势（Hymer，1976）。无论是立足全球还是发展中国家，中国对外投资存量所占比重偏低。商务部统计数据显示，2014 年底，中国对外累计投资净额只占全球 OFDI 存量的 3.4%。这一数额相当于占美国不到 15%、英国和德国近56%、法国的 69% 和日本的 74%，与发达国家相对比仍处于较低水平，近几年也未能取得大的突破。与此同时，中国多数跨国公司仍缺乏"所有权优势"，也未能较好地利用"区位优势"，更是在海外并购过程中缺乏相应的经验，常常表现为错误估计所购企业价值、执着于控股和全资收购。在当今经济全球化背景下，诸多中国企业面临着突出的国际环境差异问题，因

① UNCTAD 开发的用于衡量和比较一国和地区对外直接投资绩效的指标。

此，系统研究此问题将对中国企业更好地实现海外并购的战略目标具有重要的现实指导意义。

本书基于 2004～2015 年我国企业海外并购的公开数据及典型案例，立足于中国转型期环境的巨大改变现实，从整合"空间距离""文化、制度距离"和"企业距离"等方面入手，揭示中国企业跨境并购股权份额选择的影响因素，在理论上可丰富与扩展客观距离及心理感知因素对转型经济国家的海外并购战略行为影响和作用机制的研究，为进一步理解与解释中国企业跨境并购股权决策提供理论依据；在实践上为政府决策部门政策制定和助力中国企业提升跨境并购战略的成功率提供有效的决策依据。本书的应用价值体现在，通过对 2004～2015 年间中国大陆企业对 55 个世界重要的经济体国家和地区的并购案数据的分析，构筑了距离指标结构，并对计量公式和计量方法进行了一定程度的改进。实证的研究结果表明，客观距离与心理距离各个维度指标对海外并购股权比例存在着不同方向和不同水平的影响关系。特别是在面临着较高的跨国经营风险和不确定条件下，这一影响关系表现得更加明显和复杂。本书的研究结果能够较好地解释前期学者提出的心理距离和国际直接投资之间的关系悖论，特别是为中国企业在海外并购中寻求一个较高水平的股权现实提供了一个解释性依据。本书研究结果对于提高中国企业海外并购股权决策的有效性也提供了一条参考途径。

1.3 研究思路、方法与内容概括

1.3.1 研究思路

从经典的理论文献回顾着手，特别梳理了一些学者近期对发展中国家国际化道路选择、进入模式、投资绩效、投资区位、投资流向、海外并购的决定因素等研究文献，逐步整理出影响发展中国家跨国投资的距离感知因素，包括空间地理因素、文化、制度因素、语言及商业实践等，一个心理距离的综合性概念几乎包含了国际化进程相关文献所涉及的各种决定因素。在进入模式选择中，具体研究跨境并购及其股权决策，能将心理距离感知的宏观维度和微观决策者感知距离的主观差异有效地结合，使得研究结合将更符合实际。具体研究思路见图 1-1：

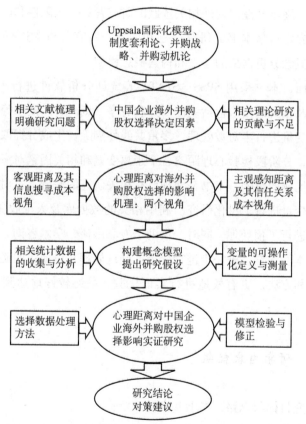

图 1-1　基于心理距离视角的海外并购股权选择研究思路

1.3.2　研究方法

结合文献与案例进行了理论方面的定性研究和实证方面的定量研究，以实现本书的研究目标。

文献研究主要用于定性分析，应用在对相关文献和理论的梳理、总结与评述。文献综述的结果产生了相互冲突的不一致结论，表明该选题有进一步研究的必要性和价值。通过深入调查中国跨国公司的海外并购事件，仔细梳理了客观距离、心理距离、企业差异等影响海外并购股权选择的相关文献资料，力求全面、正确地了解和掌握与它们相关的命题。在对资料进行整理分析的基础上，逐步掌握国内外相关选题的研究背景、局限性和研究的未来方向，进一步界定清晰本书的研究选题和内容，对有关概念进行了界定与辨析，以用于概念分析框架的建立和构建概念模型。

实证方面，本书采用 SPSS、STATA 等统计分析软件进行了计量分析，采用的方法及相关的模型包括线性回归和有序（logistic）模型等回归分析模型。采用对变量进行半对数处理、多重共线性剔除、主成分提取公因子等计量分析手段，分阶段检验心理距离各个距离变量和相关因素对海外并购进入的股权选择比例的影响。本书在梳理已有相关研究的基础上，对设计的核心变量和其他变量进行了量化研究。利用相关的数据库及人工收集样本数据，对大量数据进行了预处理。同时，借助于专家座谈、学术咨询、案例分析等方式补充样本、数据，进一步进行分类、确认处理，以便更明确使用具体的模型、公式和方法，更有效地进行实证检验，最终较好地达到本书的研究目的。

1.3.3　研究内容框架

根据研究目标与思路，本书共安排 6 章：

第 1 章　导论。提出本书的研究背景、选题理由、研究对象的范围，阐述了研究主题的理论与现实意义。针对研究目标设计了研究的内容框架、提出了研究思路、拟采用的研究方法和途径。本章对研究主题的关键概念做了界定，同时对本书整体结构进行了构筑。

第 2 章　文献综述。本章分别对国内、国外的相关文献进行了系统梳理。在比较分析的前提下，综述了国际企业的过程理论、进入模式相关理论、套利论、谈判论、跨境并购相关理论等观点，客观评述了和心理距离视角相关的各理论观点，为进一步理清理论概念及发掘其应用价值奠定必要基础。在系统地梳理与评述相关研究观点的前提下，整理出本书研究的理论构架。

第3章 研究模型——多视角的融合。基于多视角融合的理论基础，通过探索心理距离相关研究的不同视角如信息视角、感知视角等理论观点前提下，进行逻辑演绎、理论推导，为科学合理地划分心理距离各种维度奠定理论基础。在进一步明晰心理距离各个维度来源的差异与海外并购股权选择之间关系的内涵及影响机理的前提下，本章构筑了研究的概念模型，通过深入分析各变量内涵、相关关系，关系走向的基础上，预计了本书的研究假设。

第4章 实证研究设计。这一章对东道国环境距离感知、海外并购企业差异及与并购股权比例选择之间关系的本质进行详细解析。在对心理距离各类来源、测量维度等进行明确的分类及界定前提下，根据研究的特殊性提出了可操作化的测量方法。本章对选择样本与数据指标的分析方法及选取条件也进行了翔实说明。本章对比以往的研究，在研究方法和量化指标的选取、衡量等方面做出了一定的改进。

第5章 实证分析。本章内容包括：对变量进行统计性描述、相关分析、回归分析和假设验证几个部分。对所采用的实证方法做了进一步说明，并对检验过程和验证结果进行了初步分析。

第6章 研究启发与展望。对检验结果进行总结和展开进一步的讨论。在比较已有的研究成果基础上，审慎地提出本书的研究结论、理论贡献、实践启示，提出了今后进一步研究的方向。最后，根据本书的结论提出了中国企业海外并购的股权相机决策策略。

本书研究变量的一个基础框架是：

1. 被解释变量——中国企业海外并购的股权比例安排（控股、参股）。

2. 核心解释变量——心理距离各个维度（空间、社会、企业、经验）。

3. 其他解释变量——并购动机、行业差异、企业规模等。

4．控制变量：

（1）目标公司所属东道国的对外开放程度。

（2）目标国经济发展规模与速度。

（3）其他变量（语言差异、商业实践距离），以纯虚拟变量或哑变量进行变量设置。

1.4　研究创新点和难点

1.4.1　创新点

本书研究的创新点主要体现在以下两点：

第一，理论方面，本书构筑了一个心理距离与海外并购股权策略关系研究的综合性概念模型。具体构建思路是，先从影响微观企业决策主体的行为理论出发，进而逐步展开思索，逐步澄清了决策者心理距离的来源各要素，分析并论证了心理距离的来源及其对股权决策产生的不同影响。早期瑞典乌普萨拉（Uppsala）大学的研究者应用心理距离的概念分析了北欧跨国公司国际化进程，然而，关于心理距离还没能形成一个统一的认识，其维度识别也存在差异。以往研究除了文化维度，心理距离的构成通常涉及商业因素、政治法律因素、历史社会因素、发展因素和信息因素等多方面。作者观察到，尽管中国跨国公司对采取全资或控股收购面临着的高水平的信息不对称有所认识，但是大多数决策者仍倾向于以承担更高风险为代价而选择较高水平的股权，是否取决于某些微观企业主观层面的因素？如决策者对所有权的心理偏好？或是对东道国环境的认知经验？抑或对收购业务间的关联性判断等？这说明，仅仅观察客观距离因素的这些联系还不足以显现出二者间复杂的关系。本书充分借鉴和结合以往学者的研究，尝试将并购企业的决策者个体对空间维度、时间维度、经验（设想）维度和社会维度等差异或距离的感知同时纳入到心理距离的研究模型中，在一定程度上改进并拓展了心理距离归类，揭示其影响机理。作者认为，客观距离与主观感知到的距离构成了决策主体从不同角度进行思考而来的心理距离，本书认为客观距离造成的交易成本（主要表现为信息流动障碍成本及搜寻成本）和主观感知距离造成的交易成本（主要表现为海外直接投资决策中的关系成本和信任成本）应同时纳入到海外并购股权选择决策的模型之中，将有助于在国家、行业、企业组织及个体层面构建较为恰当的心理距离维度，能更加真实地反映出心理距离对中国跨国直接投资股权策略所产生的影响。

　　第二，研究设计的可操作性方面，首先在尝试利用霍夫斯泰德（Hofstede）文化6维度指标来度量文化距离时，在计量公式上首次加入了体现时间效应的T值。因为所采用的文化维度指标为非时变量，本书没有像以往研究者那样直接计量，而是先行做了尝试性的调整，将时间效应考虑进入计量公式中，对文化距离指数进行了分年度的变更，本书在考虑了时间效应（文化距离指数逐年降低）的条件下，验证文化距离其负向影响是否仍然存在；而制度距离带来的正向影响对海外并购的表现是否更加突出；同时，语言的影响效应依然不能忽视。其次，考虑到心理距离各维度指标的作用不同，如心理距离的经验维度，具体衡量这一指标时，本书首次采用了信息披露程度和对并购企业的估值指标来反映跨国公司决策者对母国与东道国基于商业实践的差异经验及对此作出的判断，该衡量方法区别于以往的研究者多采用的跨国投资时间长短或经营团队的海外经历等指标。商业实践的两类指标与并购投资企业的股权选择关系密切，以往学者却较少使用，而多采用市场规模、市场政策或商业法规等指标来反映商业实践环境的差异。最后，本书测量各个心理距离要素对海外并购股权选择的影响效应，以此来衡量我国企业跨国投资对东道国心理距离的依赖程度。为使模型更加具有客观效力，对相关变量的计量公式及其测量方法进行了适应性改进，以使其更为适合实际情况。以往的研究大多采用问卷调查、结构方程法等计量方法，受限于样本的主观影响，其实证的效度也十分局限。因为心理距离导致的不确定性与跨国公司股权选择之间的关系可能比以往研究视角呈现的更加复杂。

1.4.2 研究难点

本书在具体的研究过程中，难点主要体现在以下两点：

第一，在进行文献综述的过程中发现，实证检验的理论基础出现多重视角，需要对各个视角进行整合，因而参考的文献越多，难度也越加大，如此，越要求样本和数据的全面信息。尽管翻阅了国内和国外各机构发布的全球并购案件数据，我们仍觉得匹配研究的信息有限，尤其是相关样本和解释变量的数据方面，在搜集过程中存在着数据不全或某些年份、某些国家的数据缺失等困难。作者不但耗费了大量时间对比收集到的数据资料，而且进行定量化预处理的过程费时费力。这说明，本书的研究对样本选择和数据搜集要求较高，存在样本和数据指标选择方面的现实障碍。

第二，对于核心变量心理距离的识别也存在着不确定性。现有文献对心理距离的研究包含了几个层面的因素，既有客观层面，也有主观层面；既有国家、行业层面，也有企业、个体层面。特别是涉及决策者行为层面的，存在理论来源和实际数据来源的不一致。要结合不同的理论基础将距离的不同要素进行归类本身就困难，再加上对海外并购的战略动因、收购比例等存在难以识别或动因不唯一等实际问题，这些将影响到实证检验的结果。当然，作者将通过更多地搜集相关文献和利用各个相关数据库，特别是更多地咨询导师、专家学者等方法来理清思路，克服困难。

1.5 关键概念

1.5.1 国际市场进入模式（Entry Mode）

通常是指跨国公司将产品、资本、技术、管理技能等方面的生产要素转移到其他国家市场的途径以及相关的法律、制度安排。跨国公司以何种方式进入目标国市场将影响着公司未来的态势，包括经营成本高低、竞争力大小、获利的多寡以及承受风险的程度。诸多研究者一致认为，在特定的目标市场选择特定的进入方式是跨国公司国际化进程中最重要的决策之一。国际市场进入模式按照承诺资源的规模大小可以分为贸易进入、契约进入和投资进入三类；依控制程度高低又可划分为"高控制"（多数股权）模式、"中度控制"（均衡股权）模式和"低控制"（分散股权）模式三类。这样国际市场进入模式的选择其实质就是在不同模式所引发的"控制程度""风险""成本"和"收益"之间的权衡，在这个过程中，跨国公司必须考虑其专用资产的投入与市场的非完全竞争、"搭便车"行为及公司外部和内部的环境不确定性等问题。

1.5.2 *海外（跨境、跨国）并购*（Overseas or Cross-border or Transnational M&A）

海外（跨境、跨国）并购是指跨国公司通过并购海外目标国家（或境外）公司的部分或全部股权，以便于进入该国开展跨国（跨境）的经营活动。海外并购作为跨国公司全球化的重要战略之一，主要包括兼并和收购（国际上习惯称为 M&A 或 CBAs）两种方式。在不同国家（地区）的企业之间开展兼并与收购活动，是跨国公司在平等自愿、等价有偿基础上，以一定的现金、资产、股份等支付方式取得海外公司的法人产权或经营控制权的重要战略行为，这也是一种跨国公司一系列经营资源转移的资本流动和资本运作的主要形式。在我国，并购主要分为公司合并、资产收购、股权收购、承债式收购等形式。海外并购与国内并购的不同之处在于，需要面对并购标的国家、地区和企业的与母国在经济、商业、法律、制度、社会文化及地理环境等方面的差异或距离。

1.5.3 *心理距离*（Psychic Distance）

心理学家爱德华·布洛（Edward Bullough）于 1912 年提出"心理距

离"是指一种美学范式的特殊距离，是要我们改变看待世上事物的眼界，即将事物放置于一段距离之外，会产生新的感受。这里，布洛不是指现实的时空距离，而是一种认知或体验式的有比喻意义的距离（即美学角度的审美距离），该距离的植入是靠观察者的心理调适而实现的，所以被称作"心理距离"。解释水平理论及其后来学者研究的不断丰富，极大地促进了心理距离的研究。与问题识别、决策判断、创造性来源等认知研究相结合后，研究者在实践环节的应用研究中发现，解释理论在竞选、人际沟通、商务谈判、促销及海外投资决策等方面具有较强的适用性和解释力（Trope and Liberman，2003）。图1-2是解释水平理论关于心理距离的构成研究界定，分为四个维度。随后心理学家沃尔特、聂拉等人对心理距离进行了进一步研究，即分为时间距离（此时与未来间的差距）、空间距离（物理位置间的差距）、社会距离（本人与他人间的差距）、经验距离（或设想距离，指设象性事件与真实体验间的差距）。至此，心理距离的概念逐渐成形。

图1-2 解释水平理论关于心理距离的界定

注：本图根据相关观点绘制。

引入国际贸易最早源自贝克曼（Beckerman，1956），他认为，心理距离影响某些事物的心理层面认知，从而干扰了公司与市场间的信息决策或重视程度。20世纪70年代，基于乌普萨拉大学的北欧学者对心理距离进行了应用研究。他们定义的心理距离是指所有妨碍了企业及其市场间的信息传递因素，这些妨碍因素来自语言差异、文化特性、政治制度、教育程度、经济发展等方面；心理距离的远近意味着企业克服信息障碍成本的高低，他们主张，国际化进入模式选择一般应遵循心理距离由近到远的原则。近10年来，跨国投资决策者的主观感知距离更加引起了研究者重视，研究认为，心理距离是对母国与东道国之间在法律政治、经济、商业惯例、语言、市场结构等差异的感知、意识与理解；对差异不认同或因心理距离过大造成的信任不足，都会影响未来的战略决策。

在跨文化沟通研究中，心理距离被认为是认同效应的中介变量，有效缩短心理距离，就能够增加跨国沟通群体在文化、道德、价值等方面认同感知的契合度。在比较中国企业海外投资可利用的优势时，研究者基于中国情景的社会心理"缘分"角度，提出有缘关系能产生较强的心理认同，进而能缓解心理距离的不确定性；缘分所带来的心理相似度感知影响了跨国投资的相关决策。

1.5.4　股权配置（Equity Option）

本书的含义是指跨国公司对所并购目标公司的股权比例所做的安排。通过购买海外公司的股份并达到一定比例（通常针对的是收购股比在20%以上，或是能对被收购企业形成重要影响或控制的低于20%的股比交易）从而确定跨国公司进行管控的股权地位，据此也形成了对被并购公司股权配置的结构和治理运作方式。一定的股权配置比例安排有利于明确并购双方拥有的权利和承担的责任。同时，股权比例还是跨国公司组织机构安排、控制权分配和剩余利润分享的产权基础。本书将所使用的海外并购样本按照并购的股权水平划分为三类配置结构：一类将收购股权比例超过10%但低于50%的并购案视为并购的参股管控方式；二类将收购股比超过50%但低于80%的并购案看作高控股并购管控模式；三类将收购超过80%股权比例的并购样本视为等同于全资收购管控模式——跨国公司将被并购公司几乎变成了它的全资子公司。

第 2 章

文 献 综 述

　　本章对跨国直接投资的距离影响因素特别是心理距离的相关研究文献进行了回顾和梳理。从国际和国内两个方面综述了跨国投资的驱动及控制权选择的影响相关理论，阐述了心理距离的含义、构成维度、测评及其影响效应。最后，在分析相关的理论研究和实证研究的基础上，对本书的研究选题进行了总结和评述。本章是后续开展理论探讨、构造研究模型的基础。

2.1　国际商务领域心理距离的研究现状

2.1.1　"心理距离"的提出①

　　最早由心理学家爱德华·布洛（1912）提出，此后，作为一种观察世界的美学原则被采用。贝克曼（1956）在研究距离和贸易之间的关系时首次使用了心理距离（Psychic Distance）概念，然而此后的 20 多年，在国际

---

　　①　薛君，王巾英. 东道国环境、心理距离与跨国并购股权决策研究述评——文献分析的方法 [J]. 全国商情（经济理论研究），2015（7）.

商务和贸易管理文献中并没有被广泛使用。直到20世纪70年代,有关心理距离的研究议题在国际商业领域才获得进展,并引起了国际投资研究的热切关注。早期,乔纳森和瓦赫纳(Johanson and Vahlne, 1977)在分析瑞典企业国际化过程时认为,国际化是一个跨国企业一系列递进决策的结果,这一过程受到心理距离的影响。国际化进程的关键内容是企业通过渐进式收购、有效整合和学习东道国的市场知识,通过其在国外市场参与经营的行为逐步加深投资承诺。他们将心理距离看作阻碍市场信息流动的因素总和。此后,以乌普萨拉大学学者为代表的研究跨国公司国际化投资的理论被称为Uppsala国际化模型,也有称为跨国公司国际化"过程理论"。该理论指出:与当前相比,前期的跨国投资研究文献大多将东道国潜在的市场规模因素看作影响国际市场进入决策最重要的因素,同时也发现,在跨国企业进军国际市场初期,心理距离的重要程度超过了市场规模大小这一因素。他们认为,需要进一步考察心理距离对于海外市场区位选择、对外投资流向、投资规模大小及进入模式选择等方面的影响。尽管对心理距离这一概念的理解还很不一致,但不容置疑的是,它确实已成为选择国际市场进入模式的一个重要决定变量,尤其在企业国际化进程的初期阶段(Douglas Dow, 2000)。

随着解释水平理论(Construal Level Theory, CLT)的发展,研究认为,心理距离的解释力不仅存在于时间距离效应,还存在于空间距离、社会距离和经验距离效应。概括地说,心理距离越远,对事物的心理表征越抽象,人们越倾向于所谓的高水平解释;心理距离越近,心理表征也越具体,人们就越倾向于所谓的低水平解释。比如,人们对于时间距离较长、空间距离较远、较为陌生、想象发生概率较小的人或事件通常会倾向于比较抽象、核心、概括描述——具有高水平解释表征;反之,则关注其具体、细致、非核心、背景化的特征——具有低水平解释表征。然而,20世纪末期国际商务领域,对于心理距离的含义仍缺乏确切的认识,实践中对其来源、构成及如何测量也并没有形成一致的认可。社会心理学领域的研究认为,心理距离抑或心理相似度(Psychic Proximity)感知影响着人们的决策。具体到企业国际化模

式选择，心理距离到底是如何影响企业的国际化选择？其影响效应又是如何
呢？学者们却从不同的视角给予了回答。

瓦赫纳和保尔（Vahlne and Paul, 1975）区分了真实距离和心理距离的
不同，定义心理距离为扰动、阻碍市场上供需双方间的信息准确传达的各种
因素，包括双方的语言、商业、文化、教育、政治和工业发展等各方面差
异。保耶斯吉勒（Boyacigiller, 1990）认为，主导宗教、商业语言、政府形
式、经济发展和移民水平应包含在心理距离范畴之内，因而心理距离是理解
国际化过程动态性的一个重要变量。考格特和辛格（Kogut and Singh,
1988）则将跨国公司和东道国的文化差异看作心理距离之源，重点对文化
距离这一指标进行了度量。他们的心理距离定义与瓦赫纳和保尔的定义基本
一致，也主要从语言、文化、政治、教育、经济发展五指标差异进行分析。
他们的实证研究揭示了跨国公司海外投资的心理距离影响效应，表现在区位
选择决策时的顺序首先是与母国心理距离较小的东道国，因为市场条件、文
化背景与母国相类似；其次才是与母国心理距离较大的国家，因不熟悉会减
少资源的投入水平。诺兹楚暮与瓦赫纳（Nordstrom and Vahlne, 1994）认
为，心理距离来源于文化差异和结构性差异（这里的结构主要是指国家行
政治理、法律等）及语言差异。他们基于118个瑞典管理人员的主观排序，
即理解和学习、掌握国外市场讯息的各种困难因素，以此为基础重新定义了
心理距离，并区分了制造距离因素（distance—creating factors）和距离中介
因素（distance—bridging factors）。

斯威夫特（Swift, 1999）认为，所谓心理距离是对一系列与文化相关
的各要素进行认知与理解的程度，其关键是主观认识的程度。伊万斯和马文
度（Evans and Mavando, 2002）认为，语言、商业惯例、政治法律体系、
教育、发展水平以及市场和产业结构特征等均应在心理距离的解释范围内。
其中，只有将个体认知的层面考虑进去，才能强化心理距离的解释力。格拉
迪和雷恩（Grady and Lane, 2002）借鉴了诺兹楚暮和瓦赫纳的观点，将心
理距离按照距离制造和距离中介的层面区分开来，强调了心理距离的不确定
性感知层面，其程度大小主要源于文化差异及其他妨碍，导致了对于海外市

场的认知障碍。李（Lee，1998）的研究观点是，心理距离的本质就是文化距离，即存在于语言、商业实践、法律习俗、政治制度等方面的差距。詹姆沃特（Ghemawat，2007）在研究影响跨国投资的决定因素时，提出了有名的 CAGE 四因素模型。该模型尽管没有提到心理距离的概念，但是他表述的四个距离指标包含在了大多数文献中关于心理距离的界定范畴内。近期，有学者更是将制度距离（Gaurand and Lu，2007）和文化距离（Demirbag et al.，2007）看作心理距离的子集（Dow，2010）。

贵仑和周（Guillen and Zhou，2010）的研究文章包含了文化差异、制度差异、语言、双边协议等多个维度的心理距离因素。在阿尔弗雷德等人（Alfredo. Jiménez and David de la Fuente，2016）的研究中，着重分析了替代性经验这一变量潜在的调节效果——心理距离的刺激对外国直接投资的负面影响。研究认为，跨国企业可以有更多机会借鉴其他企业的经验，以确定最佳投资方式和避免错误，并获得知识、发展能力。比如，通过挑选合适的合作伙伴，建立互动、合作，获得合法性并克服阻力。他们以 164 个西班牙跨国企业为样本，研究结果显示，大量来自同一母国家的公司在东道国能共同地积极应对心理距离在教育、工业发展、民主和社会制度方面的负面影响。然而，这种替代经验的调节作用在语言和宗教方面不显著。他们因此认为，需要一个更精细的分析框架，能整合所有距离的维度，而不是依靠一个单一的汇总办法。其研究结果表明，替代经验确实发挥了调节作用，而与以往的实证研究证据相反。

2.1.2 研究心理距离的主要维度

图 2-1 是早期研究者对心理距离层面的解析。有文献研究表明，所谓心理距离的产生既包含了由于客观环境带来的区别于本国环境的陌生距离感，也包含了决策者对其他几个重要方面的主观认知差异而产生的距离维度。

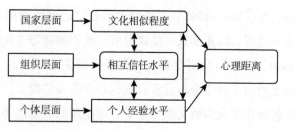

图 2 - 1　心理距离层次的分析框架（Paul, 1984；Dichtl et al. , 1990）

　　国家层面首先是地理距离。乔纳森和保尔（Johanson and Paul, 1975）在其研究文章中指出，公司之所以会选择地理位置接近的邻国或文化、商业惯例近似的国家进行出口，主要是基于不确定性的规避动机。海默（Hymer, 1976）及乔纳森和瓦赫纳（Johanson and Vahlne, 1977）的研究文章中，提出了一个解释性概念，即在一个不熟悉的地区环境中进行海外经营，跨国公司面临着"外来者劣势"（the liability of foreignness not shared by incumbent firms）。迪肯（Dicken, 1976）研究了空间地理位置和跨国投资控制权之间的关系，发现处于不同空间的组织内在的相互依赖性影响了控制的程度，特别是在并购过程中。阿兰·如格曼等人（Alan M Rugman and Alain Verbeke, 2004）对世界500强中380家有区域销售数据的公司进行研究发现，这些公司总销售的80.3%一般是发生在与它们母国临近的区域，如北美自由贸易区、欧洲和亚洲。这意味着世界上最大的跨国公司其市场覆盖率是集聚于某一区域的，从全球化的地理分布上反映出世界500强跨国公司的国际业务（IB）区域具有地理集中性。安德森（Anderson, 2007）基于某国城市特征和自然资源的重要性，研究强调了地理因素对要素流动的影响，进而对企业的创新和生产效率也产生了重要影响。郑和马（Cheng and Ma, 2008）研究了中国的跨国投资区位选择，研究发现，中国投资者趋之若鹜的国家、区位大都是一些边境与中国接壤、地理距离小、市场规模大的东道国。他们的研究表明，地理接近、地域相邻有利于降低对外直接投资的信息成本和物流成本。然而，欧格拉蒂（O'Grady, 1996）研究了地域相邻的加拿大与美国的跨国零售商，结果发现，美国市场上有78%的加拿大零售商曾处于经营困境，仅有20%多经营顺利。相反，没有发现加拿大市场上的美国企业遭遇这个问题。其研究结论是，地理距离指标并非是投资成功的必要条件。究其原因，是相似性假象形成了阻碍，反而使得跨国决策层不去深入地了解外国市场那些除了地理因素以外的影响跨国经营的其他更为至关重要的方面。欧格拉蒂的研究结论是，需要改进心理距离的识别维度，除了地理距离外，应将法律和商业因素也包括在考虑之中。

迈尔欧绰和卓尔（Malhotral and Gaur，2014）对汤姆森金融数据公司（SDC）收集的2002～2008年间含有52个并购国家和61个目标国家的10181宗收购案件进行了研究，利用成本和收益分析方法，测量并揭示了地理距离与海外并购的股权比例变化之间的边际效应关系。研究发现，二者并非是简单的线性联系，而是存在一个"U"型曲线关系。图2-2表明了迈尔欧绰和卓尔二位学者的研究观点。他们认为，地理距离与跨国收购的股权水平之间存在一个曲线的拐点。特别是非上市公司，这种曲线效应关系更加显著。

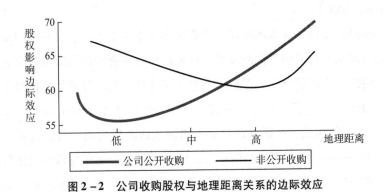

图2-2　公司收购股权与地理距离关系的边际效应

注：根据迈尔欧绰和卓尔（Malhotral and Gaur）的研究观点绘制。

国家层面其次是文化距离。除了地理的和经济方面的传统因素分析外，研究者近期对文化距离的关注度高涨，许多学者将文化和制度差异纳入到跨国投资的成本收益分析中，其研究结论极大地丰富了传统交易成本理论的研究视角。李和基辛格（Li and Guisinger，1992）、罗瑞和基辛格（Loree and

Guisinger，1995）的研究发现，美国对外直接投资的数量随着文化距离的增加而减少。其他学者的研究也发现，母国与东道国之间的文化差异显著地影响了国际化进入模式及其所有权的决策（Kogut and Singh，1988；Brouthers and Brouthers，2001；Tihanyi Griffith and Russell，2005）。对于文化距离的影响结论，出现了几种不同的方向。一些研究认为，文化距离越大，跨国合资和跨境收购企业的绩效越高（Morosini et al.，1998）、而绿地新建企业的绩效减少（Nachum，2003）。文化距离也增大了跨国企业对高控股进入模式的倾向程度，他们得出此结论，即文化距离与股权选择关系的符号为正（Padmanabhan and Cho，1996；Anand and Delios，1997；Erramilli，Agarwal and Kim，1997）。与此同时，一些研究又得出了相反结论，即文化距离降低了跨国公司进入的控股选择倾向，呈现出两者符号为负相关（Kogut and Singh，1988；Grosse and Trevino，1996；Barkema and Vermeulen，1997）等；而其他学者的研究文章却发现，文化距离与进入模式的控制权选择倾向之间并没有出现明显的联系（Tihanyi，Griffith and Rusell，2005；Brouthers and Brouthers，2000）。

一些研究发现，从事海外经营的管理者通常会认为，进入与母国文化距离较大的国家适宜采用低控股模式，结果往往是不确定性风险没有降低反而增加；相反，高控股模式一定程度上避免了这种风险，降低了低控股模式下需要多支出的管控、沟通、协商等交易成本（Anderson and Gatignon，1986）。他们的相关实证研究针对了不同国家的跨国公司。研究发现，与安德森（Anderson）等学者的结论一致，韩国的跨国公司在与韩国文化距离较大的东道国投资，其选择高股权进入模式的倾向性更大（Erramilli，Agarwal and Kim，1997）。得出同样结论的还有对日本的研究文章，研究发现，与韩国企业类似，日本企业在选择进入的东道国市场时，文化距离与全资或独资模式高度相关；他们比较了进入亚洲及进入北美、西欧国家市场的日本企业的选择，发现在进入欧美国家时，选择高控制模式的企业更多（Anand and Delios，1997）。伊万斯和马文度（Evans and Mavondo，2002）研究了英国及其他欧美等国家的非食品跨国零售商（这些公司至少在3个国家设有分店）。研究结果发现，跨国经营的心理距离主要来自文化、商业两个层面，其范畴涉及了两个国家在政治、法律、市场、经济、商业实践、语言等广泛的领域。但他们的实证结果显示，虽然各个距离指标会产生不同的影响，对此，跨国公司经营层应有所准备，但总的心理距离指数对跨国零售企业的绩效没有显著性影响。

最后是宏观层面的制度距离。制度规范、界定标准及其认知等国家特征影响着跨国投资的股权决定（Gaur and Lu, 2007）。即东道国的政策、法律法规等因素对跨国公司股权选择行为也有重要影响。佛侬（Vernon, 1971）研究认为，跨国公司股权的配置是一系列商务谈判的结果。由跨国公司与东道国就其市场准入管制、鼓励还是限制投资的政策等方面进行磋商。东道国政府当然希望当地公司能借助外来投资获取先进的技术或管理能力，同时能享有合作投资利润，所以往往会限制跨国公司的持股水平。由于信息的不对称等原因，海外并购时往往面临着各种潜在风险。其中，各国烦琐不一的并购管制措施给跨国企业带来不可低估的影响。斯科特（Scott, 1995）认为，法律调节是跨国企业面临的最为强大的环境压力；法律规则代表了交易的自由度、产权保护的状况以及政府和法律过程的透明度（Globerman and Shapiro, 2003）。研究发现，高股权投资模式往往与东道国政策风险的高低相关联，接纳外资的意愿高，对外投资的限制少，则增大了跨国公司的股权投入比例（Svejnar and Smith, 1984）。

最近几年，有学者认识到，东道国的政府腐败程度作为企业外部制度因素亦产生了重要影响。佑仑布鲁克（Uhlenbruck et al., 2006）考察了电信产业的对外投资，研究腐败距离与决定进入东道国的方式。其研究结论部分证明了之前学者铎（Doh et al., 2003）的研究观点，即腐败的随意性维度与跨国公司合资进入呈显著的正相关关系；而在腐败发生的普遍维度较大的国家，则更多选择非股权模式。端木（Duanmu. J. L, 2011）以中国跨国公司为样本，利用海克曼（Hechman）两阶段模型证明了腐败距离对投资市场选择阶段（即是否进入该东道国）以及投资规模选择阶段（即进入后的股权比例）均存在着相关性影响。

心理距离的个体维度研究见图2-3：

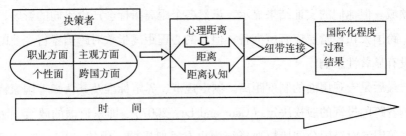

图2-3 中小企业决策者心理距离构架

注：作者根据相关学者托马斯．勒布兰德（Thomas Leblond，2011）的研究观点绘制。

2.1.3 距离变量对海外并购股权选择的影响研究

跨境并购（CBA）过程中的股权选择非常重要，因为这影响到进入国外市场的资源承诺、风险、回报和控制（Anderson and Gatignon，1986；Luo，2001）。在进入模式研究中，对独资还是合资投资方式的选择研究文章较多，而具体到并购方式，许多学者研究认为，并购决策中，对其股权选择影响因素的研究在现有文献中很大程度上被忽视了（Barkema and Vermeulen，1998；Brouthers and Hennart，2007）。收购标的、收购股比是并购交易的核心内容，也是并购双方开展商业谈判的重要内容。尽管有北欧学者研究了心理距离的概念，指出了其对国际经营产生的重要影响，不过，很少涉及对跨国并购股权的安排造成何种影响等方面的研究。跨国公司通过并购进入国外市场不同于通过合资新建企业的进入方式，并购可以更快地进入外国市场且不必增加产能（Brouthers and Hennart，2007；Chen and Hennart，2004）。对外国公司的股权进行收购，从而拥有其一定的所有权，使得跨国公司能对外国公司的重要决策产生影响，包括任命内部员工成为被并购公司的领导（Gaur，Delios and Singh，2007）；获取控制权收益和控制权转让对价（Mercer，1995）；控股股东可以拥有股东大会表决权等现实控制权，可以发挥对公司运营和文化两方面的控制；而中小股东则可以通过股票市场买卖行为拥有潜在的控制权（Margaret Cording, Petra Christmann, L. J. Bourgeois, 2002）。收购的股比决策主要取决于跨国公司的战略目标（如战略资源获取）和实施成本（含会计处理方法），其决策前提又取决于环境与行业。

蔡瑞和张（Chari and Chang, 2009）利用并购（Mergerstat）数据库考察了美国企业从 1996 ~ 2002 年的海外并购活动，发现了包括文化距离在内的距离因素对股权投入比例呈现负向影响。这些因素包括国家风险、目标企业的行业差异、研发密度、规模及劳动合同刚性等 16 个差异变量。研究发现，正是这些差异或是距离因素导致了并购成本的增大，这些成本包括评估、整合成本、从当地企业分离出优势资产的成本和其他外生不确定性下的资产承诺成本。然而一些研究发现了相反的结果，表现为文化距离与寻求股权比例正相关。具体的文化指标表现为：在高权利距离国家寻求外国子公司的多数所有权，且不确定性风险规避也与外国子公司的多数所有权积极相关（Pan, 1996；Erramilli et al., 1997）。在研究意大利跨国公司的海外并购过程中，发现了不同的国家文化特征为其带来了不同的企业营业技能和管理习惯，海外投资的目的之一是习得那些有助于产生创新精神、组织决策等相关的文化技能与习惯，因为这会帮助企业提升其他企业难以复制的核心竞争力（Morsini, Shane and Singh, 1998）。这一发现揭示出了文化距离的正向作用，即跨国收购不单是要面临由于文化距离产生的"外来者劣势"，而是还能享有"外来者收益"，需要权衡这两方面的影响。陈和赫纳特（Chen and Hennart, 2004）的研究认为，部分收购可以减轻信息不对称造成的估值风险。具体地，他们认为收购目标公司出售的部分股权可以作为一种考量信号，从而能降低对目标企业事先搜寻和估值的成本。

除了文化距离，一些学者还从所有权优势的角度验证了国际经验对跨国公司控股权选择的影响。巴克码、贝尔和潘宁斯（Barkema, Bell and Pennings, 1996）研究了荷兰的非金融类跨国公司，收集了其 225 家海外公司的样本，对文化距离、经验效应与子公司股权结构的关系进行了检验。研究结果表明，国际经验越是丰富的跨国公司，其生存力越大；该公司累积的海外经验越能调节文化距离的负面影响。同时，研究还发现，这种效应在合资或收购模式下发挥的作用更大。跨国公司的内部优势，如国际生产经验、战略规划、竞争优势和资源多寡等会影响进入模式的选择（Buckley and Casson，1998；Hill et al.，1990）。

阿若米莉（Erramilll，1991）对美国175家服务业跨国企业样本进行了回归分析。研究发现，海外投资经验对这些服务提供商选择什么样的进入模式有显著影响，两者之间具有"U"型关联。当服务企业处于曲线的两端，即缺乏经验和经验已经十分丰富时，其海外市场进入一般选择的是高控制模式；当企业处于"U"型曲线的底部，即海外投资积累了一定的时间经验，一般会逐步采取释放股权的合资模式。这个结论证实了发达国家的跨国投资模式选择遵循了过程论的观点，为新兴国家的跨国投资描述了一条可参看的路径。阿艮沃（Agarwal，1994）研究了从1985~1989年美国在28个海外市场进行投资的制造业类跨国公司，共收集了148个样本。他以技术密度等指标为内部特征变量，以市场容量、宏观风险等区位指标为调节变量，考察这些变量与文化距离对海外公司股权结构的影响。研究结果显示，国际经验对文化距离具有调节作用；经验越丰富的企业海外进入选择低控制权模式的偏好将越低。

学者罗卓哥等（Rodriguez et al.，2005）强调了组织结构因素的影响，认为跨国公司从事直接投资是为了取得必需的控制权而宁愿承担一部分风险，通过内部组织层级制可以最小化公司专属资源优势的转移成本，从而弱化该风险。

企业规模差异也是学者们研究的重要影响因素。阿若米莉（1996）考察了在欧洲市场经济国家进行投资的美国和欧洲的广告业跨国公司，收集了其投资在欧洲的337个样本，检验了制度变量、经济变量、文化距离、东道国市场等多个变量。研究结果显示，一国市场规模越大，企业越偏好高股权控制模式；随着母国企业相对规模变大，其偏好高股权控制模式的倾向性则越低；文化距离变量在统计上不显著。其研究结论是，相对规模的差异是导致欧洲与美国跨国广告公司寻求的控股偏好差异的主要因素。

诺德斯楚姆（Nordstrom，1994）研究了投资于瑞典及其他北欧邻国的英国、德国等国的跨国公司，研究认为，实力和能力是这些公司能直接进入北欧大市场的关键决定因素，心理距离的影响力下降了。也就是说，先行投资的跨国公司，随着实力和规模的增大，能逐步降低来自心理距离的障碍。同时，随着环境适应、技术等条件的改变，心理距离在海外区位选择中的影响将越来越小（Benito and Gripsrud，1992）。

　　本书认为，环境差异是客观存在且动态变化着的，特别是对那些处于初级阶段跨国经营的新兴市场国家和发展中国家而言，其跨国公司的实力和规模有限，处理因各种距离造成的跨国投资障碍的经验不足，因而，所感知的心理距离仍是非常重要的考量因素。即便对于成熟市场经济体而言，由于其国家间的相互投资因经济的、文化的、制度的、法律的、地理的等环境差异的客观存在（甚至在很大程度上的不一致），因而在全球化投资决策中，也不得不考虑各种引致心理距离的影响因素。

2.1.4　对心理距离测量与指标构建的研究

　　道格拉斯（Douglas，2000）等人研究了澳大利亚的国际企业，通过问卷分析在目标市场选择决策中，管理人员所考虑的心理因素。从母国文化、工业发展、语言、教育水平、政治差异五个方面构建了心理距离测量的模型。切尔德（Child，2002）根据之前学者对心理距离指标的五方面界定，实证考察和调研了投资于中国香港的五家公司管理层，研究发现，心理距离各个维度指标在不同程度上都对外来投资产生影响。但是，研究结论认为，其中母国文化的影响力被夸大。[①] 切尔德（2009）研究了英国与巴西之间的跨国投资，进一步地将 PD 指标拓展到了 12 个。保尔（Paul，2007）则从澳大利亚与东道国间的商业联系、政治联系、历史联系、地域相邻度、信息可得性和发展水平等方面出发，构建了一个含 15 个维度指标的心理距离测量模型。其研究结果发现，心理距离与出口频率正相关。即针对心理距离较大

---

① 陈德金，李本乾. 心理距离对于国际化目标市场选择影响的实证研究——基于澳大利亚出口市场［J］. 软科学，2011（4）.

的国家，澳大利亚常常采取出口（非股权）进入模式。同样地，学者研究了心理在语言、宗教、文化、教育等五种距离的来源，收集了38个样本国家间的贸易频率数据，通过实证验证了心理距离的效应，并创建了一个心理距离的计量公式（Karunaratna and Dow，2006）。索萨（Sousa，2010）通过对匈牙利中小企业跨国投资进入模式的调查，研究发现，心理距离程度与独资模式选择相关，他们将心理距离来源分为"国家距离"和"个体距离"两个层面，综合考察了13项心理距离要素的影响并进行了实证检验。莱布伦得（Leblomd，2011）在此基础上，以类似方式通过问卷考察了13项可感知的心理距离因素影响。

詹姆沃特（2001；2007）认为，两国间的距离可以体现在四个基本维度上：行政，文化，地理，经济（见图2－4）。不同距离维度会对企业产生不同类型的影响。例如，地理距离对应运输和通信成本，因而是处理重货物或散装产品或其经营高度分散、需人或活动之间高度协调的公司特别重视的。托马斯（Thomas，2011）依据詹姆沃特的CAGE框架并综合了其他学者的观点，通过问卷设计考察了13项可感知的心理距离因素（见图2－5）对巴西与魁北克的中小企业跨国投资产生的影响。他认为行政、文化、地理、经济距离的框架，能够帮助管理者识别和评估各种距离对不同产业的影响。该框架可视为心理距离的维度，在市场选择决策时，公司可能选择低心理距离的国家作为开始其国际化进程的尝试。在公司开始进入更遥远的海外市场之前，首先会选择出口到邻近的、文化相近的市场（Bilgi and Tessa，1977）。总之，前期的研究为今后心理距离指数和对心理距离影响效果的检验提供了一定的研究思路和参考。

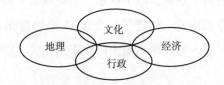

图2－4 詹姆沃特应用宏观因素的CAGE框架

注：作者根据相关学者的研究观点绘制。

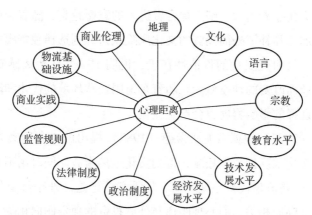

图 2 – 5 13 项心理距离维度（Sousa，2010；Thomas，2011）

注：作者根据相关学者的研究观点绘制。

2.2 国内学者对心理距离的研究

汪旭辉（2005）根据亚利山德（Alexander，1997）研究的国际零售商海外扩张面临的五种国际化界限模型，提出了市场临近性（地理、文化、经济、社会、公共政策和零售结构）六角模型。该模型与前期学者的研究结论相似，在解释欧美发达国家之间的零售商相互跨国投资的模式选择方面较为成功，但是不能解释西欧和美国零售商向东欧及亚洲新兴市场的国际化经营扩张模式。所以他认为心理距离的概念为这一领域的研究奠定了很好的基础。

周长辉、张一驰、俞达（2005）整合了跨国投资理论的三种视角，创建了一个能够解释中国企业选择海外市场的分析工具。其研究发现，由于在美国普遍存在对中国制度差异和文化距离的较高程度感知，使得中国企业的直接投资方式多表现为激进式特征，即更加倾向于收购、合并或独资企业等高控制进入模式。

潘镇、鲁明泓（2006）研究了从 1990 年到 2000 年间的江苏省三千多家外商投资企业，检验了文化差异对 FDI 进入模式的影响。研究发现，外商本国与中国的文化差异越大，则选择合资进入的意愿越高；随着合作深入及引资经验的增加，弥补了外商投资的文化风险缺口，则选择独资模式的外商企业逐年增多。其研究发现的价值性在于，说明了"文化距离感知"是一个随着时间变迁而改变的动态概念。随着东道国经营环境的优化和改善，由此对进入模式选择的影响程度也会产生变化。

周凌霄（2007）根据霍夫斯泰德（1980）提出的文化距离指标，将各国与中国的文化维度指数值相减，得到文化距离指数。同时用不确定规避指数（UAID）的差值来代替心理距离。其研究结论是，外企母国与中国的文化距离与合资倾向相关，而心理距离与外商投资的独资倾向相关。同时，伴随着我国经济发展增速，外商股权的集中度也越高，其投资收益也更大。

杜晓君、刘赫（2010）利用中国海外上市公司发起的47件海外并购案为样本，研究了组织结构、组织经验、文化距离等中介变量对海外并购的影响关系。其研究结论是，产业关联度高的海外并购更能促进企业成长。而跨国公司的组织结构和组织经验则显著地正向调节了并购战略与企业成长的关系；文化距离和相对规模的调节作用并不显著。

吴先明（2011）以243家中国海外投资上市公司为研究样本，考察了制度环境对我国海外投资进入模式选择的影响。着重选择了目标国家的行政制度、文化差距、母子公司产业关联度和跨国经验等关键变量进行检验。研究发现，制度距离因素发挥了促进和调节作用。在正式制度比中国更健全的东道国，中国企业尤其是技术型公司，采取并购和独资进入的意愿更强烈；文化距离与合资进入高度相关；他们的研究还表明，没有发现国际经验的促进作用，其对进入模式的选择的影响还不确定。

殷华方、鲁明泓（2011）利用"外来者劣势"和"外来者收益"的理论观点，分析了二者的叠加效应。他们通过对49个国家流入OECD成员方的直接投资流向进行分析，研究发现，文化距离与对外投资流向呈现曲线关系。表现为横向"S"型。具体来说是，文化距离指数处于较低和较高这两个区间维度上，则对国际投资流向的影响符号为负；当文化距离指数处在中间区位，其影响符号则变为正。这一实证结果解释了"文化距离的悖论"，进一步证明了前期欧美学者对文化距离影响作用呈现复杂性的研究结论现在依然是正确的。

陈德金、李本乾（2011）利用澳大利亚出口市场的数据，借鉴道（Dow，2006）等人对心理距离的研究成果，尝试构建了心理距离的文化维度、商业维度与地理维度三维度测量模型，并且应用公式计算了所谓心理距离指数。在对测量方式进行改进性研究的同时，借此探索了澳大利亚与 21 个投资国家的心理距离指数，检验了心理距离指数对出口规模影响的有效性。

霍杰、蒋周文、杨洪青（2011）基于 65670 家外商直接投资企业的数据，同样使用了道等（Dow & Karunaratna，2006）提出的心理距离计算公式，分析语言、宗教、经济发展等因素。研究发现，经济发展和语言差异水平越大，国外公司采用独资进入的比率越小；宗教差异则正向影响独资进入比率；没有发现政治民主和教育差异这两个指标的显著作用。

阎大颖（2011）综合了制度观和组织学习理论，对中国企业发起的海外并购进行了探索分析。作者收集了中国 2010 年之前发布的海外并购案，通过实证研究，发现了制度距离的负面影响；而国际经验对制度距离的负面影响有明显调节作用，即在控制了制度距离的条件下，国际营运经验发挥了积极作用，表现为海外并购的成功率也相对更高。此外，作者还对其他条件变量进行了检验，包括收购方是否国有企业、被收购方是否上市公司、目标公司是否自然资源类企业以及东道国外资的开放度等影响海外并购的因素。其综合性的研究方法也为揭示影响中国跨国企业并购成功与否的制度性因素提供了现实的参考。

陈怀超、吴晓云（2012）就合法性和制度距离与影响跨国公司绿地新建还是并购进入模式选择的关系调研了 178 家中国的跨国公司。研究结果显示，制度的规范性距离或认知性距离越大，跨国公司越偏好并购进入模式；而国际化经验、环境适应能力两个因素则调节了制度三维度的管制距离、规范距离和认知距离对中国公司进入模式选择的影响。但作者只对绿地和并购两种进入模式选择进行了研究，没有就制度距离具体对并购股权大小的选择影响进行深入的论证研究。

张景云等（2013）在发表的文章《海外并购沟通中的心理距离策略》①中，从社会交往面展开，解释了信息传播中的社会距离、地理距离和心理距离三者的关系。他们界定了传播中的心理距离，是指信息发送者与接收人双方在态度、情感和认知面上的差距，提出了跨国沟通的传播者应与受众之间保持适度心理距离的观点。他们认为，在品牌的跨文化传播中，存在着拉近空间距离与当地的本地化品牌防范的矛盾，需要处理好本地领地化、民族个性化与全球一体化的矛盾。特别针对品牌沟通中存在的国家认知偏见等问题，他们对此提出应用心理距离效应的管理对策。

邓富华和胡兵（2014）利用中国从 2003～2011 年共九年间对外直接投资的面板数据，实证分析及检验了制度性腐败距离对投资流的影响。研究发现，在金融危机后，相对于发展中国家而言，中国与东道国的腐败距离负向影响着其进入发达国家的频率；然而一旦进入了发达国家后，腐败距离则正向影响着中国的对外投资规模。有价值的是，作者分别进行了进入频度和投资规模两方面的研究。其研究的结论是，世界金融危机发生以后，中国跨国企业进入发达国家的频率不断增高。分析其原因作者发现，欧美发达国家的市场低迷，使得一些虽然财务状况困难但却持有优质战略资产的跨国公司成为更加吸引中国跨境并购的目标公司。尽管中国与这些发达国家存在较高的腐败距离，但该距离却没有成为阻碍，反而激发了中国公司的并购热情。其表现是，许多中国跨国公司敢于冒制度风险进行并购，呈现出虽然并购的数量下降、但并购的平均规模却较大的特点。

易江玲、陈传明（2014）考察了中国对八十多个经济体的对外直接投资规模，构建了所谓心理距离的缘分指数。通过比较、分析中国跨国投资管理者心理距离的变化，他们认为，心理距离依赖于跨国公司管理人员的主观判断，而这和中国人更加相信缘分这种文化传统有关。他们的研究进一步地

---

① 张景云，刘畅，杜新. 跨国并购沟通中的心理距离策略——中粮收购澳大利亚 Tully 糖业案例研究［J］. 管理案例研究与评论，2013（12）.

分析了心理距离的缘分面，将之解读为典缘、地缘、人缘三个维度①，认为缘分的嵌入程度影响了人们的社会行为，包括对外投资的行为。基于对三类缘分的可得性不同这一前提判断，心理距离既导致增大了在东道国的信息获取成本，又容易引发对合作伙伴的信任问题。其研究结论表明，中国无论是对内还是对外的心理距离，都阻碍了对外直接投资。这个研究结论不仅证明了国际化进程模型的结论依然有效，而且认为，中外方管理者之间的缘分嵌入能够帮助中国公司接收到东道国市场的准确信息，并利于转化其资源和竞争的优势；缘分同时也使得中国的跨国公司经营层对东道国拥有更大的适应能力。接下来两位作者在 2015 年发表的文章中，进一步探讨了心理距离的来源，评述了当前的研究观点。作者认为，除了心理距离来源的信息视角和主观视角外，心理距离的缘分这一视角更加适合于对中国特色环境下的中国企业跨国投资行为的解释。图 2 – 6 是本书作者根据其研究观点绘制：

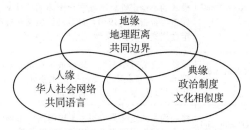

图 2 – 6　心理距离的三缘构成维度（易江玲、陈传明，2014；2015）

注：作者根据相关学者的观点绘制。

肖文、姜建刚（2015）研究了外资在我国境内兼并重组的影响因素。研究着重揭示了所有制属性和我国各地区的市场化水平是两个对境内外资并购的股权水平产生重要影响的因素。其研究结论是，国有企业性质降低了外资并购的股权水平；市场化程度与外资对非国有企业并购的股权水平之间存在"U"型关系，尤其是在外商选择了较高标的并购股权比例时，

---

　　①　易江玲. 陈传明心理距离测量和中国的国际直接投资——基于缘分视角的分析 [J]. 国际贸易问题，2014（7）：123 – 131.

这种"U"型的曲线关系呈现得越发显著。这说明，跨国公司在对发展中国家的非国有企业开展并购时，市场化的差异程度指标首先是影响其并购股权水平决策的一个重要变量，其次要考虑市场化差异程度在不同程度上影响的方向。

表 2 – 1　　　　国际商务研究的相关学者对心理距离含义的表述

作者	含义内容
瓦赫纳和保尔（Vahlne and Wiedersheim – Paul，1975）	防止或阻碍潜在的供应商与顾客之间信息流动的因素，这些因素包括语言、教育、商业习惯、文化、宗教信仰、政治体系和工业发展阶段的差异
李（Lee，1998）和斯威夫特（Swift，1999）	文化距离和心理距离常常被视为同义词。文化距离定义为，国际营销中的社会文化、家庭和目标国家之间在语言方面、企业行为方面的不同态度，以及法律和政治方面的制度和市场基础设施的不同
考格特和辛格（Kogut and Singh，1988）	各国间的文化差异导致的管理的理念、成本和可供选择的进入模式的不确定性。国家文化距离的估计基于从每个 Hofstede 的偏差综合指数（1980）计算的民族文化标准：权力距离，不确定性规避，男性/女性气质与个人主义
诺兹楚暮和瓦赫纳（Nordstrom and Vahlne，1994）	重新定义心理距离为"阻碍或干扰企业学习和对国外的环境的理解"。心理距离主要包括文化差异、结构性差异（主要指法律与行政体制）以及语言差异
欧·格拉蒂和雷恩（O'Grady and Lane，1996）	将心理距离定义为公司关于理解国外市场的不确定性程度，这种不确定性程度来自文化差异以及其他方面的困难导致形成的公司对认识、学习国外市场环境的障碍程度
斯威夫特（Swift，1999）	认为"心理的距离是一系列内在相关因素的后果，其中，感知是一个重要的决定因素"
伊万斯和马文度（Evans and Mavondo，2002）	提出了确定心理距离为"国内市场和国外市场之间的距离，是对文化和企业差异的感知的结果"。这个定义有助于澄清先前的不一致的研究视角，从个体层面特别是将感知距离的因素，通过文化和商业的差异表现出来
索萨和布兰迪（Sousa and Blundley，2005）	心理距离显著影响企业的国际市场营销策略，特别是营销方案的适应度
道和卡鲁纳阿提娜（Dow and Karunaratna，2006）	将心理距离视为文化、语言、宗教、教育和政治体系的不同，检验了心理距离对贸易流量的影响，并给出了心理距离的综合计算法

续表

作者	含义内容
索萨（Sousa, 2010）	通过对匈牙利中小企业跨国投资进入模式的调查，将心理距离分为"国家距离"和"个体距离"两个层面，综合考察了 13 项心理距离可感知要素的影响，并进行了实证检验
托马斯·莱布伦德（Thomas Leblomd, 2011）	依据詹姆沃特的 CAGE 框架（2001；2007），通过问卷设计考察了 13 项可感知的心理距离因素对巴西中小跨国公司的跨国投资影响
张景云、刘畅、杜俊健（2013）	主要从社会交往层面提出，传播中的心理距离是指传播者与受众在认知、情感和态度方面的差距，由认知距离、情感距离和态度距离构成。研究认为，心理距离是作为一种情境要素发挥作用，是构建传受关系的基础
易江玲、陈传明（2014，2015）	以"地缘""典缘""人缘"三缘视角，分别考察了 6 个维度构成的心理距离的影响，并进行了 PD 对中国国际直接投资影响的实证检验
阿尔弗雷德和戴维德（Alfredo. Jiménez & David de la Fuente, 2016）	考察了教育、工业发展、民主、社会制度、语言和宗教的心理距离构成维度。着重研究了决策者国际经验的替代、调节作用。研究结论是，国际经验对前四项距离指标的负向影响有调节作用，而对语言和宗教影响的调节作用不显著
苏珊和阿尔弗琢沃兹（Susan. F, Axele. G., Pau. K., and Alf drvoz. G, 2012）	通过交易成本、内部化等三个理论、从六个视角研究了跨国公司面临的心理距离，并进行了实证检验

注：本书作者根据相关文献整理。

2.3 文 献 评 述

心理距离是国际直接投资的重要影响因素，尽管学者从不同视角展开了研究，但是由于研究对象、具体议题的选取不同，导致了复杂的关系甚至相互矛盾的结论。梳理文献时发现，在跨国公司进入模式的研究中，专门就海外并购的股权安排进行研究的文献并不多。比较特殊的是对新兴经济体和发展中国家的跨国投资行为而言，哪些心理要素如何影响投资流向、对并购股权权衡的作用机制如何等议题，还缺乏深入研究。在影响跨国公司进入模式选择的因素中，基于不同类型的跨国公司、不同的目标国环境等归类整理的角度不同，揭示这些因素发挥的作用也不同。一部分研究观点具有一定的解释力，而另一些研究结论的解释又是不完全的，有必要发掘新的研究视角。

2.3.1 现有研究的主要理论

表2-2汇总了相关研究理论的主要观点，仔细分析后笔者认为，现有理论研究的不足主要表现在以下方面：

表2-2 相关研究的主要理论、基本观点

主要理论	基本观点
交易成本理论	交易成本是科斯研究企业组织替代市场时提出的概念，后期学者不断进行了补充。企业出于降低市场的高交易成本目的而将交易放到企业内部。跨国公司的市场进入策略以及国际化活动，应用交易成本理论来分析，其解释力较强。以降低交易成本为潜在原则，需要比较不同进入模式及其股权配置的成本和收益，并根据比较结果决定跨国公司的特定进入模式及对其持股比例进行匹配安排。那么东道国与母国间因空间距离、制度、文化差异特别是商业环境的差距而产生的信息流动不畅等成本问题，也可用交易成本的观点去解释。传统的解释是，跨国公司为降低代理问题、市场失灵、"搭便车"行为等四方面产生的交易成本而选择了高控股进入。目的是加强内部管控
折衷理论	折衷理论概括了企业进入方式的三个权衡因素：是否具备所有权优势、东道国市场区位优势和一体化的内部优势。理论表明，拥有较高技术水平的跨国公司转移其技术资源时，面临了较高的技术分散风险，也就是交易成本与技术程度呈正向变化关系。为降低高技术转移的风险，跨国公司通常选择较高的控制权进入；市场潜力、文化距离、制度等东道国区位特征，影响了跨国公司对投资方式与股权所做的安排。缺乏技术资源及国际运营能力的跨国企业，通常会选择低控制进入方式
谈判力量理论	谈判力量理论认为，跨国公司的股权结构是其与东道国不断地进行商务谈判的结果。谈判双方就东道国的市场准入条件以及外来投资政策进行多个过程的磋商。谈判力量的强弱重点在于谈判信息的掌握程度，对寻求利益的迫切度在谈判中起着决定作用，谁具有信息优势，谁就具有了主动权。相关信息的多少、真伪、及时性等信息掌握程度影响着海外并购的交易谈判。由于持有子公司较高股权比例可以使跨国公司更容易掌握到其真实的投资经营现状等信息，从而更安全的转移其技术优势，因而股权比例成为谈判双方最为关注的方面

续表

主要理论	基本观点
战略管理理论	战略管理理论认为，发展中国家实施的"走出去"战略，包含了通过海外并购来获取关键性资产的动机。对于中国等新兴发展中国家而言，地理的、制度的距离似乎并没有造成阻碍，反而成为促使其加大资源承诺和投资力度的刺激物。为了加快国际化投资，企业利用了学者称为"非市场的优势"（Barron，2003；Genc and Cuervo，2008），即利用母国政府的鼓励政策、各种非政府组织、公众、利益相关者、新闻媒体等的介入。夏皮罗（Shapino，2005）、罗（Luo，2009）的研究表明，相对于发达国家的跨国公司，发展中国家跨国公司具有的"关系能力"发挥了重要作用。即与心理距离小的发展中国家政府打交道，他们能够更加有能力适应和处理关系，因而效率更高。海外并购能积极追求高比例的股权水平，也体现了这些国家跨国公司决策者将非市场优势应用在股权谈判过程或策略上的灵活性
制度因素论	最近几年的新视角之一是聚焦制度因素对跨国进入模式选择的影响。研究观点更多地强调了母国与东道国在国家治理、法律法规等制度差异对跨国公司股权选择行为有重要影响。坎崔特（Cantractor，1990）发现，东道国对外方股权水平的限制，使得少数和均等股权合资企业数量增加。比米什（Beamish，1985）发现这一特征在发展中国家对来自发达国家的投资表现更明显。其研究发现，近70%的跨国公司在发展中国家投资企业拥有少数股权，只有10%是对等股权，而在发达国家投资企业中有43%是对等股权。古默凯舍（Gomes - Casseres）同样认为，大多数发展中国家都倾向限制股权的当地化政策。归纳起来，制度因素特别是东道国国家风险、政府股权水平管制等是重要的影响因素。反过来看发展中国家，与发达国家存在较大的制度距离反而成为其加大直接投资的制度套利驱动。

注：作者根据相关研究整理。

第一，对当前众多的理论观点很难进行整合，应用不同的理论分析经常会出现相反的结论，一些学者进行研究，由于视角选取不同，也造成研究结论的大相径庭。从国际化过程角度来说，国际市场进入战略首先需要对进入的方式进行选择，其次才是就全资控股还是分享股权的资源承诺程度进行决策。进入方式又分为股权模式和非股权模式，前者主要以掌握控制权为前提，后者主要以扩大国内、国外的市场销售为目的。

跨国收购进入模式选择实质上是全资收购（收购100%股权）还是低于100%股权以组成 JV 或股权联盟的决策问题（Barkema and Vermeulen，1998；Chen and Hennart，2004）。相比对合资经营的研究，对于海外并购具体寻求的多数还是少数股权的影响因素、股权权衡的作用机制如何等仍缺乏较为深入的研究，特别是对新兴发展中国家的海外并购行为的研究更加显得不够，远远滞后于这些国家近年来潮水般不断增长的海外并购活动的现实。对目前影响跨国投资股权选择的相关理论解释进行归纳，我们认为，股权比例的配置和选择是一个循序渐进的过程，海外并购方以股权的比例安排为基础，通过对目标国各环境差异感知及距离的判断（该判断常常左右并购交易过程中的信息流动成本与信任关系成本），从而适应、融合并与企业的并购战略目标进行匹配，为后续的并购整合及控制权配置提供基础和权威来源。

第二，国内外关于心理距离影响跨国进入模式的研究，目前也尚处于探索研究阶段，还有待进一步深入的研究。首先，普遍承认心理距离对企业的国际化方式产生影响，然而，对于心理距离的内涵与测量很难达成一致性，对心理距离如何影响着企业的国际化选择的机理研究也显得比较不足。

当前的研究主题侧重于解释心理距离的构成维度，包含了地理距离、文化距离、制度距离等维度；个别学者测量了这些多维度距离因素对贸易进出口、跨国公司 OFDI 流向、区位选择、跨国公司投资绩效及跨国投资进入模式选择的影响（Berry, Guillen and Zhou, 2010; 万伦来等, 2014）。然而，通过文献梳理发现，由于研究视角、方法和数据选取等不同，出现了采用某些相同的距离指标来进行验证，其影响效应的实证结果却出现不一致。研究层面的不同加上企业国际化进程的复杂性，给该选题的研究带来挑战，涉及母国与世界主要经济体的心理距离测算的量化研究也微乎其微。这就是说，该领域的研究仍需要系统化地将空间要素、心理认知的差异、并购企业和目标企业间的差异等方面内容结合起来加以整合。

其次，基于距离视角研究海外并购股权选择的影响效应，相关联的主题研究缺乏。正如之前研究者提到的，在进入模式研究中，对合资企业的合资经营的研究文章较多，对海外并购股权选择的影响因素研究在现有文献中很大程度上被忽视了（Barkema and Vermeulen, 1998; Brouthers and Hennart, 2007）。虽然部分学者在对国际直接投资和进入模式选择研究时有考虑到心理距离，但由于跨国公司不同的决策者存在着认知方面的差异以及对心理距离测量方面的困难（例如，对文化、语言、制度等方面的差异存在着距离评估时的非对称性感知），因此，从理论上研究构成心理距离的维度，从实证上分析各个维度如何发挥影响效应，从而促使跨国公司以安排并购股权的权衡为依据，以达到减轻心理距离的负面影响及缓解并购风险、获取更高控制权收益的目的。这些主题当前显得尤为必要。

2.3.2　从心理距离视角展开研究的必要性①

通过文献梳理我们发现，对跨国进入模式的影响不仅包含有东道国地理的、政策法律法规、文化的、制度的等宏观距离要素，还因市场容量、跨国公司规模、并购行业差异、跨国经营经验、决策者的识别与认知能力等微观因素而发生改变，其研究视角呈现得比以往更加复杂。近期的研究尝试着探索了股权选择与心理距离不确定性之间的非线性关系和随机影响效应（Malhotra，Sivakumar and Zhu，2011）。然而，中国的跨国公司常常采取全资或控股收购方式，虽然面临着较高水平的信息不对称风险，但仍倾向于承担更高的风险而选择较高水平的股权比例，仅仅取决于决策者对所有权的心理偏好？抑或基于心理相似性认知获得的有效信息帮助实现企业的高持股并购目标？又或是因收购业务间的技术关联性而需要对其海外并购过程、专利信息等进行股权管控？等等。这些疑问值得进一步探索。当然，仅仅关注外在的客观环境差异还不足以说明二者间复杂的关系，需要我们增加其他距离变量，同时，对变量及其测量方法进行适应性调整也十分必要。

当前研究面临的主要困难表现在：第一，心理距离识别包含多个层面的因素，现有文献的研究存在理论和数据处理的不一致。也就是说实证检验的理论基础出自多重视角，需要加以整合；同时，对样本和数据搜集亦存在一定的困难。构成距离的多重维度使得我们对样本选择和数据搜集要求较高，

---

① 薛君，王巾英. 东道国环境、心理距离与跨国并购股权决策研究述评——文献分析的方法[J]. 全国商情（经济理论研究），2015（7）.

可能存在样本和数据层面的现实障碍。第二，要将不同距离影响要素结合不同的理论基础进行分类本身就困难，再加上涉及中国企业海外并购的战略动因、收购比例等主题内容，可能存在难以识别或动因不唯一等实际问题，这些都将可能影响到实证检验的结果。

综上文献研究，笔者认为，研究跨国经营应重视转轨经济背景，尽量系统化、明确化研究目标，规范经济学方法的运用。研究心理距离悖论笔者认为，在两个方面应有作为：成本－收益的分析方法如何应用到跨国企业股权结构的效率和选择上；转轨经济、制度环境、企业维度、决策层、所有权优势、控制权等维度作用于海外投资股权模式选择的机制及过程。围绕心理距离视角亟待开展研究的具体选题包括：一是对近年来我国与主要对外投资的经济体之间的心理距离指数进行探索性测算；二是检验不同心理距离要素对投资流量、海外并购股权选择等方面产生影响的理论依据和效应关系；三是对心理距离与其他距离变量间的交互作用关系进行进一步探索分析，以厘清心理距离来源及与其他距离变量间的关系。

本书研究目的在于，构筑一个心理距离综合维度模型；检验心理距离对海外并购股权选择影响的理论依据和效应关系；分析心理距离与其他变量间的交互影响作用，最终为进一步认清影响中国企业海外并购的距离变量、有效缓解心理距离、降低并购股权风险、提高并购成功率提供一种解决思路。

第3章

研究模型

——多视角的融合

　　跨国公司以并购方式进入海外市场，首先涉及两个十分重要的决策。一是并购的目标国家与行业筛选，二是对并购目标企业的股权比例作出安排。而安排并购的股权比例也是寻求子公司控制权的基础。其后的资源、资本投入谈判、技术转移的激励、风险及收益分配等，均以双方的股权配置结构为前提。本书的研究范围是企业规模和实力有限的仍处于进入国际市场初期阶段的新兴发展中国家跨国公司，进入模式选择海外并购模式，在涉及基于外部因素及企业内部因素的分析前提下，衡量国际化并购战略的股比安排对心理距离的依赖程度。以中国跨国公司近十年来的海外并购数据为研究对象，通过理论和实证分析探索了心理距离各构成要素与中国海外并购股权比例选择之间的关系及其影响机理，并对相关的研究悖论做出解释。

3.1　海外并购——类型与优势

3.1.1　海外并购的主要类型与优势

　　并购的划分方法种类繁多，一般来说包含五方面的角度①：按并购适用

---

① 赵保国. 中国企业海外并购方式分析［J］. 中央财经大学学报，2011（7）.

的不同法律划分，可分为股票收购、资产收购和完全兼并；按行业是否一致划分，可分为横向并购、垂直并购和混合并购；按并购资金来源不同，可分为杠杆收购与非杠杆收购；按承接目标企业资产的不同方式，可分为无偿划转式并购、承债式并购和承包式并购；按中介机构是否参与来划分，可分为直接收购与间接收购（见表3-1）。但是，由于我国金融市场区别于国外的管理特征，金融中介的发展滞后，不足以有效地支持特别是海外的并购活动。杠杆收购方式在中国企业的海外并购中也并不多见。根据赵保国（2011）的研究，超过半数的海外并购都采取了收购股票的方式，其次是收购资产。购买目标公司的部分股票而不是完全兼并之，既能保证跨国公司对子公司拥有一定股权、从而能参与其经营管理活动，同时又能充分分享当地公司的渠道、品牌等资产价值，是目前中国企业海外投资最常使用的并购形式。

表3-1　　　　　　　　　　　　海外并购的分类方式

适用的不同法律	资产收购	股票收购	完全兼并
行业是否一致	横向并购	垂直并购	混合并购
并购资金来源	杠杆收购	非杠杆收购	
承接目标企业资产的不同方式	承债式并购	无偿划转式并购	承包式并购
中介机构是否参与	直接收购	间接收购	

注：作者根据相关文献整理。

1. 按海外并购双方的行业关系来划分的并购方式各有其目的和特点。

横向海外并购是指并购方与被并购方的产品或行业处于同一大类而开展的跨国并购。并购动机以寻求扩大海外市场规模或生产规模居多。通过横向并购，扩大了并购方的市场范围，降低了产业成本。由于并购双方处于类似的产业链环节，所面临的机会、条件相当，因而，相比之下，横向并购过程及其后的整合过程难度系数较低。如我国汽车行业十强的吉利集团并购沃尔沃，同样是汽车制造行业，吉利希望得到是沃尔沃品牌代表的安全、品质和设计承诺，而主要以销售欧美市场为主的沃尔沃则看重的是吉利在亚洲市场的开拓。并购一年后，沃尔沃全球共销售37.3万辆轿车，比2009年增加11.6%，一举扭转此前的亏损局面。2013年，沃尔沃汽车集团盈利19.2亿瑞典克朗，到2015财年，沃尔沃全球销量首次达到50万辆，营业利润较上一财年增长3倍以上。

纵向并购是在并购方与被并购方处在产业链的不同环节上而进行的跨国并购，并购动机往往是为了寻求或掌控生产原料的供应商或挖掘渠道资源，从而内部化整条产业链，确保消除过度的竞争。通过实施跨国的纵向并购活动，可使得企业获得稳定的供需渠道，以保持较长时间内契约合同的有效执行，降低了维护契约的成本。通过整合产业链，利用产业内的信息优势和相对价格优势，跨国公司可以布局全球，提升并获得核心竞争力。例如，2012年7月，中粮集团花费超过1.4亿澳元的代价，成功地获取了澳大利亚的两家年产40多万吨的糖厂，同时也获得了其下属的甘蔗种植基地，从源头提升了中粮对制糖业的把控。中粮集团在农产品竞争领域曾遭受了原材料短缺的经营困境，致使其利润率一度下降了50%，从收购前的6%降到目前的不到3%。寻求对农业生产原料的供应是中粮海外并购的动机之一。同一产业链上的纵向并购，相对于不同产业间的并购来说，因为存在直接的供需关系，所以并购后期的整合过程也相对容易。

混合型并购是指并购双方完全跨越了其目前产业、行业或不完全处在一个产业链上而进行的海外并购。当前我国企业对不同于自身行业的海外公司开展并购，一个直接动因是寻求低成本海外扩张，为产业资本寻求多个投资途径。跨境跨行业的多元化海外投资战略，一方面规避了专业化资本的集聚风险，另一方面，通过多元投资，也能弥补其国际市场运营经验的不足，增强其国际市场环境的适应能力。此外，混合并购还能帮助企业进行产业的调整升级，或重新布局，撤出某些夕阳产业，进入其他新兴产业领域。

2. 海外并购渐渐成为国际直接投资的首选与该方式具有的优势相关。

海外并购相对于新建投资的优势在于：可以跨越关税或非关税壁垒，打破该国早已形成的市场格局，使得并购方增强行业的国际市场地位。并购方完成并购后形成了与东道国的目标公司相互依存的密切关系，因而能分享到目标公司原有的品牌、技术、研发实力、市场渠道等资源。当前，我国实力较强企业拓展国际市场时，海外并购方式备受青睐。具体说来，第一，迅速进入他国市场并增强市场力量。由于所谓的"绿地投资"方式投资周期较长，其决策范围涵盖了选址、筹建生产车间、配置安装制造设备、安排人力资源，选择供应商、经销商和广告商等一系列活动，需要支出巨大的资金和时间成本。而并购方式可以最快的速度进入他国。出于培育核心竞争力、充分挖掘和利用目标企业潜在或并购企业富余的资源和能力的需要，跨国公司借助于多种并购方式对国际相关产业或不相关的业务进行全球范围的整合。此举是实现并购方核心能力提升、加快布局于较高价值的全球产业链环节、获取更大资源掌控力和较高利润的有效方式。第二，并购方凭借与并购标的的密切联系，可以规避东道国对于外资的政策约束，避开其作为新来者所处的劣势地位，可以马上展开经营，快速构筑渠道关系，降低其适应成本。特别是对于那些对比国际企业在资金、技术研发等方面处于弱势的中国企业来说，通过海外并购，可以直接获得营运所需的相关资源，特别是那些无形资源（如技术诀窍等，只有通过并购双方在经营过程中的互相配合、默许才能得到）。这些都是其他跨国投资方式难以获得的。第三，并购方式的融资途径多。与"绿地投资"相比，并购融资更加便利。在金融机制比较成熟的东道国开展并购活动，获得并购资金的方式与途径包括：（1）对于一国鼓励走出国门的行业或企业，跨国公司可以大量接收到来自母国政府的低息贷款援助；（2）将并购标的现有资产及未来增值资产作抵押，向相关机构发行债券，即所谓的杠杆收购，或向各个层次的金融部门（包括风投机构、银团等）申请贷款；（3）并购双方互换股票，通过配置股权结构，既可以实现控制权收益，还可以缓解当前资金支付的压力；（4）通过深入调研东道国环境，多方了解其并购相关的促进政策及条件，做足与被并购方谈判的各种准备，切实评估标的企业资产价值，往往能以低于预期的价格购得标的企业的股权或资产。当前，欧美等国的经济发展仍处于低潮，许多中国企业对那些陷入经营困境的海外企业开展并购，并购成本较低。但其前提是，信息及时准确、尽职调查充分、评估准确和谈判力量对比较强。总之，海外并购可以实现区位多元化的经营战略，降低对国内市场的依赖。可以有效绕开进入新行业的壁垒，获得学习曲线效应，实现可持续的发展。当前，中国企业在国际市场上开展了大量的跨国并购活动，需要认真分析并购标的所处的不同行业特点，采取有效的并购策略，以实现其壮大规模、增强实力，转产升级、学习先进经验等目标。

发达国家间的并购案例给了我们很好的启发。比如，美国汽车业就是通过并购方式，快速赶上了日本同行。美国曾研究日本汽车业的核心竞争力所在，发现是机器人的普遍应用。日本企业在汽车生产的各个环节都利用机器人作业，不但能提高汽车质量，且极大降低了营运成本，而这是美国汽车厂商的竞争软肋。面对这一状况，通用汽车提出了旨在提升技术实力的赶超战略，通过对先进技术拥有企业展开大量并购，成功地将机器人相关技术应用到其生产流程，全面实现了生产过程的自动化，缩小并消除了与日企的差距。

同是汽车制造商，中国一个较成功的海外并购案例是吉利汽车并购沃尔沃。完成并购后，吉利通过注资 200 多亿元，支持发展了一个拥有 1700 余人的欧洲研发中心，成功地搭建了生产、技术研发、市场开拓等一体化的平台。而同一时期，由于并购战略缺失，造成了庞大与萨博的"闪婚"失败。2011 年 5 月，庞大集团与萨博的联姻首次公布于众。作为中国最大的汽车经销商，庞大集团的销售网络几乎覆盖了所有中国地区。快人一步取得萨博品牌在中国区域市场的经销权，是其展开并购的主要目的。然而庞大却忽略了萨博品牌在中国市场知名度不高和在欧美市场长期经营困难的现实局势。庞大和青年汽车共向萨博注入 5800 万欧元的资金以求萨博起死回生，但却毫无起色。仅仅半年后的 12 月 19 日，萨博就被其母公司瑞典汽车申请破产，当天，维纳什堡法院就正式批准了萨博破产申请。庞大丧失了认购萨博股权的条件，只能无奈宣布停止收购。可见，从事海外并购前，需要企业重视战略设计，瞄准目标，提前制定相应措施。

3.1.2 发展中国家海外并购的非市场优势

与研究北欧国家跨国公司活动的过程论相对比，以新兴经济体及发展中国家为样本的研究结果与之刚好相反。收购标的、收购股比是并购交易的核心内容，也是并购双方开展商业谈判的重要内容。北欧学者指出了心理距离是国际直接投资的重要影响因素，就是说，进行海外投资应该遵循"循序渐进"的原则，即首先选择的是心理距离较近的国家市场进入，随着时间的推移逐步加大资源承诺力度。过程论虽然提出了一个跨国公司国际化进程的路径，但是具体到心理距离如何影响投资流向、对并购股权权衡的影响机制如何，目前还有待进一步研究。研究发现，与发达工业国及 20 世纪 80 年代崛起的发展中国家不同，亚洲和拉美等一些新兴经济体的跨国公司是在经济全球化的背景下成长起来的，并没有完全遵循"循序渐进"之路，而是不得不采取"蛙跳式"加速国际化的过程（Luo and Tung，2007），即通过海外并购来获取发达国家的关键资产。实际的数据显示，中国海外投资的区位选择从金融危机前发生在亚洲的重大并购占 52% 下降到金融危机后的 11% 左右，而同时北美及大洋洲的并购比例则不断攀升。那么，心理距离的增大似乎并没有造成更多的并购阻碍，反而成为其加大资源承诺和投资力度的优势。针对这一现象，学者认为是"非市场优势"发挥了作用（Cuervo - Cazurra and Genc，2008）。

非市场优势的培养出自非市场环境——指那些围绕企业周边的构成了其经营氛围和条件的种种内外部因素，这些因素的存在就像润滑剂，使得企业、市场、利益相关组织等能有效运转。所以，政府相关政策、涉及的非政府组织、各利益相关者、新闻媒体、公众等的介入都是非市场竞争优势的来源。[①] 拜伦（Baron. D. P，2003）等人的观点具有代表性，他认为，处理好与母国政府、相关利益群体、市场客户、社区公民等关系，是企业能否获得

---

① 叶广宇，黄玲玲，姚化伟. 刍议非市场环境及其对企业的影响 [J]. 商业时代，2009（6）.

赖以成功的非市场利益的关键。与政府的关系资源能帮助企业不断拓展外部生存空间，开创有利的竞争局面，相应地增加了企业的非市场利益。

企业的非市场资产是独特的，很难被模仿和复制。这些资产和能力的主要表现类型是：（1）处理与政府、新闻媒体、利益集团和社会活动团体、公众关系的经验与技巧；（2）在满足政府、利益相关者和社会公众的要求方面所赢得的信誉和声望；（3）企业的结盟能力。相对于发达国家的跨国公司而言，一些学者的研究发现，发展中国家的跨国公司（如泰国的华人家族型跨国公司等）似乎更具有上述第一类型的"关系能力"，能够通过处理关系缔结契约，比竞争对手更快地捕获商业机会和从合作方那里获得互补性资源（Erdener，Shapino，2005；Pananond，2007）。2010 年，学者进一步研究发现，发达国家跨国公司在不甚发达的一些国家投资有些水土不服的征兆（Cuervo – Cazurra and Genc，2008），因为发达国家的跨国公司的管理者，更习惯于在治理良好的国家从事经营；在治理环境较差的国家，他们会被低效率的市场所束缚，使得他们的技术和公司特定资源的发挥变得无效，而这些资源技术恰恰需要相对发达的市场和稳定良好的法律保护环境。相比之下，发展中国家跨国公司的管理者可以比他们在发达国家的同行更容易了解和适应这些恶劣条件，有能力适应和处理与发展中国家的政府监管部门打交道，因而效率也更高。

一些学者研究发现，发展中国家的跨国公司在海外投资的能力运用实际上是具有多元性特征的。他们往往能巧妙地同时运用交易能力和关系能力来应对全球范围内的竞争对手。特别是在发展中国家的投资，其相对较强的关系能力能弥补相对较弱的市场交易能力（Lu and Rui，2009）。分析其原因，不排除是发展中国家的文化、制度、商业等环境与发达国家跨国公司所面对的环境质量距离较大，以至于发达国家的公司决策者对这些非市场环境的适应较为困难的缘故。爱哲曼和斯皮伊格尔（Aizenman and Spiegel，2002）的研究也发现，虽然东道国与母国的投资环境差异会抑制双边的投资，然而当新兴发展中国家的跨国公司投资到制度等环境较差的东道国时，其所面临的投资成本也相对较低。这与心理距离的观点相似，即基于投资环境的"心理接近"认知,能够降低跨国公司在东道国的学习成本及高层管理者对市场不确定性程度的判断失误。与发达国家的投资者相比,其适应成本要低得多。

"关系能力"这一非市场的优势能够解释为什么发展中国家的跨国公司在进入与之心理距离相对接近的海外市场时能够比发达国家的跨国公司表现得更加适应。然而,当新兴国家的海外并购以发达国家为标的时,他们之间的投资环境差异增大,已有的研究却发现,这些国家在发达东道国的并购次数却越来越多(Malhotra et al.,2010)。制度套利论能较好地解释这一发现,即发达国家相对比母国的制度环境越好(制度距离大),就越能吸引这些国家的并购投资。

3.2 概念模型与理论假设

对文化嵌入、制度嵌入、政府管制、经济面切入心理距离的探索研究,其主要理论意义是,在"心理距离"的研究领域需要的是一个相机应变的视角。传统经济学理论认为,不同国家市场在政府监管严格与否、产权保护程度、法律制度完备与否等方面各有差异,直接影响到该国市场的运行机制及资源的分配效率,进而影响到跨境交易过程中的成本和风险。虽然一些跨国企业采用了相应措施来规避和弥补各方面约束带来的损失,但考虑到时间和效率方面,选择一个熟悉的心理距离较小的东道国也许是更为有效的办法,这样能够更加专心致力于战略整合,提升自身的全球竞争实力。

3.2.1 概念框架

在国际商务实践中接受与运用心理距离,有助于实现跨国投资战略的技术性与人文性、经济效益与文化效益的统一。据 2009 年 7 月《科学美国人》杂志的报道,美国研究人员发现,探索问题时产生的心理距离,有助于提升创造力,使得人们更加全面、更为宏观地考虑问题,从而使得难题更有可能得以解决。那么，作为影响企业跨国经营诸多变量中最复杂、最深刻、最重要的变量，当前的研究表明，若母国与东道国在制度、文化等方面有更多共同点时，进行跨国经营取得成功的可能性将更高。一项来自世界银行环球发展金融的报告也指出，来自中国、印度、马来西亚、俄罗斯、南非的公司在许多发展中国家正在成为重要的投资者。该报告表明，这些企业有相当大的优势，在东道国的经济和政治条件下拥有更多的经验、较低的管理费用、地区经理为当地人、地理位置上接近、文化相似等。这些使得同等条件下的海外运营花费更低。然而，深入考察不同的心理距离变量，其发挥影响作用的程度、方向各有差异。行业不同，对各距离影响的依赖程度也有所不同。阿伦尼尔斯（Arenius，2005）研究了软件业，发现心理距离的影响并不显著，但是仍对软件市场的渗入速度产生了负向影响。这说明将行业层面、特别是企业层面和潜在的不易察觉的个人层面的差异也考虑纳入"距离感知"的研究范畴，不断地拓展研究思路，才能更加有助于解释心理各个距离变量影响结论的不一致。当然，这将需要一个更为复杂的分析框架。在学者赞格等人（Zanger et al.，2008）的研究中，构建了一个基于对某个相关国家、公司、产品等多元化立体认知条件下的影响跨国经营及其利益分配的心理距离综合维度模型（见图3-1）。

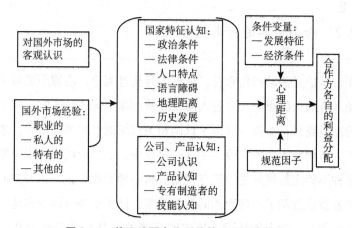

图 3 - 1 关于跨国合作利益的心理距离构建

注：作者根据赞格等人的研究观点翻译并绘制。

而海伦和保尔（Hallen and Wiedersheim - Paul, 1984）在研究海外并购的过程时认为，并购不同阶段所受到的心理距离的影响有所不同，其影响力并非平均地分布在每个阶段。他们认为，心理距离对跨国投资的不同影响应该分三个层次来研究，在跨国投资中应注意每个阶段的关系构建以减少心理距离的影响。这三个层次分别是：国家层面，主要表现为文化的相似程度；组织层面，主要表现为合作双方相互产生信任的程度；个人层面，主要是有关的组织成员的跨国经验水平。在海外并购过程中主要的四个阶段，每个阶段都有其关键影响因素（见表 3 - 2）。他们认为，特别是初步建立连接阶段，文化距离的大小与个人经验（包括感知能力等）对并购后续过程能否顺利开展产生了较高程度的影响。

表 3 - 2   海外并购不同阶段的关键决定变量

预先接触阶段	中等影响	文化相似度
初步联系阶段	高度影响	文化相似度和员工经验
关系发展阶段	中度影响	员工经验和信任度
关系成熟阶段	低度影响	员工经验和信任度

注：作者根据相关观点汇总。

3.2.2 两个主要的研究视角

首先，从信息流动视角来看，依据国际化过程论，心理距离对跨境外的经营活动具有消极的影响。在进入海外经营的东道国或地区时，应尽量采取渐进式的发展路径，在逐步获得了该国相关市场的经验及知识后，才适宜采取迅速扩大市场范围的投资模式。这一过程中，心理距离成为主要阻碍。如何克服这种不确定性风险是以信息视角分析心理距离着重关注的方面。这一视角的研究重点强调了心理距离的激发要素，即主要来自国家和地区之间宏观差异环境因素。学者均认可上述宏观环境差异是心理距离的潜在激发要素，他们的研究特别检验了宗教、文化、语言、制度、教育等因素的影响

（Boyacigiller，1990；Dow and Karumaratna，2006）。然而，仅仅从宏观角度不加区分心理距离在国家、公司组织、个人层面的不同关系去解释其对国际化经营的影响，容易导致实证检验出现相互矛盾的结论，使得学者们对心理距离的有效性产生怀疑（Ellis，2008；Sousa and Bradley，2007；Smith，2011）。

其次，从主观感知视角来看，随着对心理距离逐渐深入地展开研究，使得主观感知这一视角能弥补单一的信息流动视角对心理距离影响的解释力的不足。研究发现，跨国公司决策层个体或群体对东道国环境差异的感知力其实与心理距离的关系更为紧密。这种感知也是人们思维组织的过程，而这个过程往往取决于跨国公司决策者对东道国市场知识的理解及熟悉程度。心理距离程度不仅反映在政治制度、文化、经济或地理等国家层面、市场环境层面的差异程度，还反映了海外决策者的海外经营经验、语言技能、情感态度、认知价值观等个体特征的差异程度，而后者可能是造成心理距离认知程度差异的更深层次原因。奴博斯和柴（Nubus and Chai，2014）对心理距离的认知维度进行了更深入的研究。他们认为，个体不同的距离感知、偏见和知识只是认知维度构成的一个层面，其中，感知是对某些情景的表达；接下来的认知面是意识，即观察表象、识别相关情景的能力；再下面的层面是理解，即知晓各种情景为什么以及将如何影响市场运作。这三个认知层面相互依存、不可或缺，共同影响着海外经营者的决策。本书认为，学者所谈到的主观感知视角包含了以上认知的三个层次，充分考虑了决策者的个体特征，即如果将心理距离的激发因素与认知层面相结合，开发出综合的评估量表来评估心理距离的程度大小，能比使用调查问卷来得更加有效。然而遗憾的是，目前还没有较好的量表评估方法。

笔者认为，需要引起注意的是，上述两方面的视角涉及的心理距离各变量并不是相互独立的，宏观环境的距离变量与主观感知的距离变量是互动的密不可分的关系。一方面，如果跨国公司管理者欠缺对东道国环境差异的认知能力，则很难明确相关的信息来源及渠道，并进行筛选和正确的解码信息，从而使得其并购战略难以更好地与该国市场需求相契合，对跨国公司接下来的整合知识转移就不能做出适应性调整。这些都将大大增加海外投资的风险成本。另一方面，跨国公司管理者若认识到与东道国同行在认知模式与商务来往方面存在差异，即存在相似性特征的缺乏，就难免导致交易接触中的防备、疏远、双方缺乏认同与信任，从而加大了误读、扭曲信息的风险。这也是造成信息流动障碍其背后的真正原因，特别是在并购的初期阶段，信任与否更加重要。在双方开始产生分歧、难以取得共识或谅解的前提下，不但使得谈判过程变得艰难，增加了并购交易谈判的成本，也使得后续的并购过程难以持续。因此，笔者认为，信息流动的客观障碍和主观感知困难共同构成了心理距离的作用机制。如何操作化心理距离，可以考虑整合研究视角的差异，将心理距离在定义的内涵、构成维度、测量等方面区别开来。

3.2.3　概念模型

结合主要的跨国投资研究理论以及上述对心理距离研究视角的分析，本书认为，心理距离的作用机理应该着重从以下两方面去理解：客观差异导致了非对称性信息，进而引起信息搜寻和信息流动的障碍，表现为信息搜寻与流动成本（即心理距离的客观形式）；非相似性认知心理的感知程度造成了商务往来关系与信任不足的困境，进而产生了维护关系与巩固信任的成本（即心理距离的特殊形式）。上述解释涵盖了海外经营决策者所要面对的一系列妨碍或扰乱跨国公司和国外市场连接的信息流动要素以及决策者对已存在差异的感知程度等相关内容。具体到海外并购股权的安排决策，在整合了各个研究视角的基础上，本书特别考虑了海外并购的动机差异以及谈判策略的影响，提出了一个心理距离与海外并购股权安排关系研究的概念模型（见图 3－2）。

基于交易成本理论来分析，并购股权的相机决策是在跨境并购所面临的地理距离程度较大，并购双方不得不分享股权的前提下，基于比较交易成本（包括合作决策困难、管控能力削减、机会主义行为等）与并购的收益而做

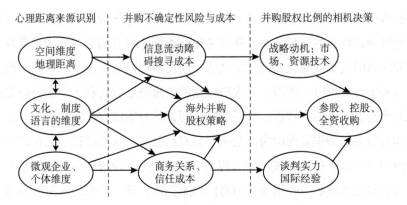

心理距离来源识别　　　并购不确定性风险与成本　　　并购股权比例的相机决策

图3－2　心理距离变量对海外并购股权安排的影响效应模型

出的决定。这些成本障碍和风险激发，来源于跨国投资所面临的一系列的地理区域差异；如较长的空间距离、缺乏共同的边界、道路、河流或海洋、运输设施缺乏、通信不畅和气候劣势；一系列的宏观因素，包括文化差异、宗教信仰、种族、语言和社会规范；一系列的政府干预、管制措施和制度约束，包括历史上的殖民关系、没有共同的货币或政治联盟、投资政策及相关法律不完备及产权保护程度低下；一系列的经济条件差异，包括消费者收入、基础设施和自然资源、金融和人力资源的质量与使用成本，等等。

　　基于战略管理理论角度分析，以微观企业为分析点，我们知道，选择进入东道国的模式是跨国公司决定在一个特定的区位投资或不投资的一项专门的战略。其中，不同的动机类型是影响股权安排选择需要着重考虑的要素，这也常常成为东道国政府对并购股权水平做出管制的重要影响因素。那么，正如赞格等（2008）的研究所示，国际直接投资的心理距离及其股权安排策略可通过公司产品特征认知与国家环境特征认知的约束来解释。在对东道国环境充分认知的前提下，准确评估目标公司具有的有价值的资产和能力，方能衡量双方比较优势的大小，以此为基础制定可行的并购战略。

　　基于组织能力的角度分析，曼霍克（Madhok，1997）的研究认为，跨国公司管理层具有的国际营运能力和经验极大地影响了进入模式的选择。跨国管理能力和经验其本质特征是作为公司的"知识资源"，具有在组织间不易扩散的特质，而分享股权的不同模式除了要考虑作为转移这种知识的市场失效风险或较高的交易成本，还要考虑能否利于双方的学习和知识获取，以开发出新的资源或建立新的竞争优势。因为知识的取得源于组织间的相互学习（Kogut，1991）。因而，寻求股权比例的倾向是否有利于并购公司现存知识与合作方二者的一致性，这是影响公司评估并购股权策略的主要因素。那么拥有较多的知识资源的跨国公司，具有高股权进入的动机。乌普萨拉国际化模型也强调了进入外国市场时的循序渐进原则，即跨国公司应该随着组织学习经验的增加和对外国市场信息的熟悉把握，逐步扩大进入海外市场的规模和承诺。

基于个体认知层面的解释，伊万斯和马文度（2002）认为，心理距离实质也是"国内市场和国外市场间的距离，是文化和商业的差异造成的认知困难"。该理解注重个体层面，将主观认知和客观距离结合起来，强调了心理的"距离感"大多是由决策者表达出来的对文化和商业等方面的差异认识。反映到交易策略中彼此的信任程度、关系的远近等，直接影响了双方的成本与利益分配。发达国家跨国公司的国际化行为，基本是遵循了国际化进程理论的路径。而其中的心理距离代表了一个特定区位的"距离"——其程度大小实质上反映出来跨国公司进行全球化运营的难易程度。

3.3 理论假设

3.3.1 地理距离、外来者劣势与股权寻求

国际化活动中，地理距离是需要考量的一个客观变量，地理距离是最为直接的跨国经营成本组成之一。海默（Hymer，1976）在研究跨国公司对外投资时首先提到了跨国经营需承担的额外成本问题。他认为，相对于本土的

企业，跨国公司由于对国外市场不熟悉或歧视待遇的存在，如受到东道国政府、消费者、供应商等不同的对待，会承担额外的成本，而这些可能成为他们的劣势来源。借上述观点，巴克利和卡森（Buckley and Casson，1976）进一步分析了跨国公司的投资活动，随后赫纳特（Hennart，1982）也提出了相应的论点，即交易成本观。他们的研究观点是：跨国经营者需要比较不同海外进入模式的成本和收益，以最小化生产和交易成本为原则来挑选特定的进入模式；为降低海外投资的交易成本，高控股模式经常成为跨国公司的首选。嘉提格侬和安德森（Gatignon and Anderson，1986）在研究海外市场进入模式时，提出了"控制程度"指标，补充和完善了上述学者的观点。根据控制程度的高低，跨国公司所能选择的股权安排方式有三种，即高股权模式、中等股权模式和少量参股模式。需要在不同模式下的成本收益比较中做出选择。仔若（Zeera，1995）则具体提出了海外经营的几个具体的成本构成，并将之称为"外来者劣势"（Liability of Foreignness）。主要有四类：（1）与空间距离相关联的成本，如跨境交通与协调成本。（2）与东道国相关联的成本，如对外国跨国投资的政策、条件限制，消费者的民族中心主义的制约等。（3）跨国公司自身的成本，如缺乏对东道国文化制度、法律等知识与机会的正确识别带来的熟悉成本。（4）母国特定成本，如对行业技术外流的投资限制等。

跨国公司需要时间来适应东道国的环境，并融入该市场，这些带来了额外的成本负担，因而成为外来劣势。分析这些成本构成可见，一方面是经济成本，另一方面包含了社会的成本。经济成本由于可预测和计算，因而相对容易控制，而由文化、制度、法律等的不同引发的社会心理成本具有相对隐蔽的特点，因而更加难以预防和控制，作为外来者的跨国公司不得不付出时间去学习和适应，否则会付出巨大的代价。可见，对母国与东道国的投资环境差异感知所形成的心理障碍比东道国投资环境本身更能影响跨国公司的投资决策。经济成本和社会成本是产生外来者劣势的主要原因。但是相比之下，经济成本表现得更为直接，在一个新的市场，做生意本身的交易成本和风险可以直接记录，而大部分的成本和风险由心理距离障碍导致的，具有潜在但更为深远的影响。

经济成本的形成最客观的首先来源于地理距离的远近。所以从这一角度考虑，我们首先提出理论假设 1：

随着母国与东道国地理距离增大，海外并购股权比例的选择倾向降低。

3.3.2 文化距离与海外并购的股权寻求

普客思提（Puxty，1979）较早地揭示了文化差异与海外公司所有权策略之间的关系。虽然研究心理距离的度量维度包含了文化、经济发展及其他五个方面（Kogut and Singh，1988），但他们最为重视文化、语言的方面。通过构建文化距离指数的计量公式，他们解释了国家间的文化差异会如何影响到海外进入模式（如新建、合资和并购）的选择。文化距离是心理距离重要的构成变量，与海外市场进入模式的不确定性识别相关联。跨国公司的海外市场拓展路径考虑到文化及其他条件差异，会遵循心理距离识别的由近到远这一原则。

布鲁喏斯（Brouthers，2002）曾经提出了一个所谓的"交易成本扩展模型"，引入了文化和制度变量。文化环境是指跨国企业所处的一国社会结构、风俗和习惯、信仰和价值观念、行为规范、生活方式、文化传统、人口规模与地理分布等因素的形成和变动的综合。利用该交易成本扩展模型的研究，其研究结果是，母国与东道国的文化距离，增大了收集东道国企业相关信息、监控目标企业营运效率的成本。此时，少量股权的低控制模式相比其他更加有效。研究显示出文化距离对控股比例的负向影响。此前，一些学者的实证研究则表明，文化指标中，跨国公司来自不确定性规避程度较大的母国，其投资于东道国倾向于高控股进入（Erramilli，1996；Hennart，1998）。由于文化距离识别的困难越来越大，复杂性越来越强，需要协调和管理的成本也将随之越来越高。基于这种考虑，高控股并购投资可能更有利于避免复杂化和冲突，达到节约成本的目的。该观点显示出文化距离的正面效应。

　　伊万斯和马文度（2002）的研究发现，文化距离能够为跨国经营提供产品差异化的正面传递效应。① 母国与东道国的文化差异可以反映到跨国公司生产和推上市场的产品差异化特征上面，如两个国家的消费品在触觉、外观、品质、味道等方面有所区别。对母国公司而言，文化距离此时不再是障碍，文化距离越大，反而越能获取产品特色带来的差别利益。特别在当地消费者对跨国公司及其母国印象良好时，文化距离的这种优势将更为突出。反之，较小的文化距离即投资的东道国与母国在市场条件和文化内涵方面较为接近，则其投资产品的差异化特征难以体现。产品相似的消费市场使得该产品提供商之间竞争激烈，影响了海外投资绩效。因此，文化距离能为跨国公司带来兼并效应，是获取特色优势等战略性资产的一个独特路径。另外的一个观点是，跨国公司的战略性资产具有文化嵌入的特性，跨国公司在转移和丰富其无形资产时，文化距离越大，其嵌入优势越强；投资国不同于母国文化的程度越大，其转移的资产越难以模仿（Morosini et al.，1998）。文化距离为跨国公司提供了一条可能途径，能为跨国公司增加无形资产的储备。梅嘉和帕里次（Gmez - Mejia and Palich，1997）的研究观点是，跨文化的管理活动使得来自于不同文化背景的员工能相互学习到对方根植于不同文化的难以言传的管理技巧与技能，提升了团队的经营管理能力。同时，跨文化管理过程中产生的冲突和碰撞可以激发出创造性思维，为跨国管理团队的创新提供线索。近期，一些学者的研究也发现，文化差异的正面效应是由于文化差异对决策者全面收集和处理全球化经营的成本和收益相关信息提供了注意力的刺激，从而降低了成本及预测错误的风险。验证使用的是 624 家的全球服务外包公司的跨国数据，他们的研究包括了文化差异、语言、地理距离和教育水平。理论分析表明，虽然面临较大的文化距离，但是在投资其他环境方面较好的东道国时，为节约协调与治理成本，跨国公司依然会选择较高水平的股权进入模式（Catherine Dehon and Patricia Garcia - Prieto，2015）。以上理论分析说明，文化距离既存在负面影响，也能提供积极的差异化优势，需

---

① 殷华，鲁明泓. 文化距离和国际直接投资流向：S 型曲线假说 [J]. 南方经济，2011 (1).

要权衡两方面的影响。

本书认为，考虑跨国并购背景下，母国与东道国的文化距离与海外并购寻求的股权比例之间的关系较为复杂，可能呈现负向关系，但受其正面效应的影响，负向关系会随时间的推移变得弱化。据此我们提出理论假设2：

随着母国与东道国文化距离的增大，海外并购股权比例的选择会降低。

3.3.3　制度距离、制度套利与股权寻求

发展中国家的跨国直接投资存在制度套利的驱动。母国因素是促进新兴国家跨国公司大规模进行海外市场并购的套利因素之一。

研究表明，虽然普遍认为发展中国家的跨国公司相对于发达国家的跨国公司处于劣势，即发达国家的跨国公司往往有较强的所有权优势，如品牌、广告和技术等领域；此外，东道国政府热衷于来自发达国家的跨国公司，认为这些直接投资会带来更多的先进技术，而市场上的消费者也往往喜欢发达国家公司提供的产品。出于固有的劣势，来自发展中国家的跨国公司往往发现自己处于东道国市场的后期搬运工的位置，除了要与具备母国优势的当地企业进行竞争之外，还要与富有经验的发达国家的跨国公司进行竞争（Alvaro Cuervo - Cazurra，2012）。因此，一国政府的政治法律、行政治理等外部支持力量影响了发展中国家的海外投资决策，其作用不可忽视。

对外部距离的分析，最有普遍性的是目前的三维度分类方法，即文化环境、地理差异、制度环境的影响。前两者的研究受到了普遍的重视，而对东道国的行政、政策、法律法规等因素的重要影响则还缺乏更多关注。其中，政治环境一般是指一个国家的政治稳定性、社会民主权利、行政治理制度、社会组织结构等环境，对外代表了一国的政治形象及信誉体现，成为海外并购投资的决定因素。英国著名学者邓宁（2008）的研究指出，发展中国家的对外投资更容易受到一国经济、政策的影响，母国政府提供的税收减免激励、低息贷款、政治风险担保、信息服务等各种政策成为支持跨国公司海外直接投资的重要力量。如中国国有企业的海外投资活动，母国政府有意识的

政策扶持行为及与企业的互动关系，提高了企业对海外市场环境风险的反应能力和承受能力，从而使其发挥所谓的非市场优势。对于其他发展中国家而言，中国的公司更了解他们的客户，能更好地适应该国的环境。他们也拥有在具有挑战性的政治体制环境下从事经营的经验。包括合同执行环境的不完善、欠发达的市场机制、低效的司法制度、无法预测和负担的潜在规则、沉重的官僚主义、政治上的不稳定或政策上的不连续性等，这些都是发展中国家的特征。发展中国家的跨国公司至少在某些制度环境相似的国家是有优势的，识别这些特征有助于管理者更好地理解发展中国家的跨国公司在哪些国家开展跨国经营会相对地更容易成功，帮助跨国公司的管理人员更好地选择这些东道国，进而将公司融入当地环境中。当前，许多发展中国家的跨国企业正值海外投资的快速发展阶段，相对于一国的市场竞争而言，如何建立适合于国外市场规范和国际竞争环境的非市场竞争战略也是其面临的重要挑战。

本书认为，发展中国家跨国公司能够积极主动地进入发达国家进行跨国经营，较高水平的制度环境和国家治理质量是吸引其投资的重要条件之一。而跨国公司自身的非市场能力、经验优势等是其能够在心理距离接近的发展中国家更为普遍投资的重要条件。另外，发达东道国的政府治理水平较高，政治风险的可预期程度也比发展中国家的大，吸引了发展中国家的跨国企业加大对发达国家海外市场开拓的动力。有效利用发达国家较为成熟的市场环境和制度环境，通过海外并购弥补其在本国市场的缺陷，促进本企业竞争能力的提升，是这些公司寻求海外投资的动机之一。

制度距离引起了跨国公司在东道国的合法性问题，对海外并购绩效有消极的影响，但是网络关系等社会资本调节和减弱了该影响（Rotting，2008）。制度距离的存在也使得跨国公司在利用国家之间制度差异的套利行为中获得利益成为可能。赵和库玛（Chao and Kumar，2010）认为，制度的差异反而有利于跨国公司子公司在东道国获取差异化的信息、技能和知识，并有利于创新和提高企业的绩效。尤其是当跨国公司有丰富的海外经营经验时，会削弱制度距离产生的影响。卓尔和陆（2008）的研究结果是，在制度距离较大时，日本跨国公司采用独资和高股权进入模式进入东道国，其存活率也更高；更进一步的研究发现，制度距离与日本海外子公司的存活率之间存在着倒"U"型关系。即在较小的制度距离下，存活率与制度距离之间表现为正向关系，也就是随着制度距离的加大，存活率也增加；当制度距离增大到一定程度后，存活率则与制度距离之间呈现出负向关系。

本书分析，母国与东道国政府在行政、法制、腐败等方面差异所带来的国家治理质量的不同，将影响到海外并购的股权比例选择。考虑到样本多数是涉及对欧美等发达国家的并购案，制度环境差异较大，制度的套利效应对中国企业来说应该更加突出。据此提出理论假设3：

随着母国与东道国制度距离增大，海外并购股权的比例选择倾向提高。

3.3.4　基于技术的优势与股权寻求

邓宁（1988）对折衷理论进行了完善。他提出，所有权优势、区位优势和内部化优势是影响企业对进入模式选择的三类决定变量。传统的内部化理论是在目标市场已经预定的情况下探讨跨国公司的投资模式选择行为。内部化理论揭示了技术因素作为并购双方业务整合能力的关键考量指标所发挥的影响。技术与交易成本具有正向关联关系，为避免技术交易面临的较高扩散风险，跨国公司常常采用对并购目标企业的较高持股权（Buckley and Casson，1976，1979；Caves，1982；Teece，1993）。相应地，如果跨国公司没有很强的内部化能力，即将技术、资源整合进企业系统中，则低控股模式较为适宜。伊丹和米勒（Eden and Miller，2004）认为，发展中国家的跨国企业通常缺乏其他资源，包括金融和有形的技术，而这些资源作为一个企业特定优势的来源，具有更关键的决定作用。基于这方面的考虑，选择一个合适的进入模式是关键的，因为它可以决定一个公司的优势在何种程度上可以得到保护。那么，与技术泄露相关的损害最为突出的是选择合资模式，这会令企业暴露于合作伙伴面前。就是说，选择合资模式可能不得不应对潜在的、特别是源于市场运作和技术传播中的机会主义问题。相反，若采用完全责任和控制的全资方式则可以更好地保护自己的技术优势。本书分析，对技术的依赖程度既可以作为一种竞争优势的来源，也可视为一个控股匹配的问题。有分析表明，跨国公司之所以要寻求和建立企业系统之外的创新网络或平台，是因为现代制造技术的研发过程越来越复杂，其成本越来越高。而合股投资模式是其挖掘互补性资源、分担研发成本、提高研发效率的一条有效途径（Cantwell and Barrera，1995）。当然，通过海外并购来获取企业发展所需要的技术，则更为方便快捷，尤其是企业发展急需要该项技术成果，但又受制于专利保护的情况。

本书作者观察到，在所有决定企业的竞争优势来源中，缺乏专利技术是发展中国家跨国企业国际化道路上的较大制约瓶颈。创建新技术的资金和人才的匮乏，使得海外投资过程步履蹒跚。以中国汽车业的海外收购为例，由于缺乏核心专长，合股收购中常常不得不接受外企离谱的高报价和高专利使用费。因而，企业为改变自己的不利地位，常常将国外拥有品牌价值和高新技术的企业作为自己的并购目标，以期能快速获得核心专长及相关人才。

在影响海外并购股权选择的东道国因素中（如市场规模、GDP 总量、行业的技术密度等），其中获得技术、品牌和市场等动机因素日益重要。也就是说，母国并购方越是以东道国高新技术企业为并购对象，为防止技术信息外流，其选择控股并购的倾向会越大。根据以上分析，提出理论假设4：

随着母国越是以东道国高技术企业为并购标的，海外并购股权的比例选择倾向越高。

3.3.5 商业实践距离与股权选择

海外投资的商业环境也非常复杂。商务实践环境是与跨国企业活动直接相关的，其影响也不易掌握。主要包括一国的商业法规、税赋、信贷渠道、产权保护等方面。五矿集团对加拿大诺兰德公司收购案中，曾经遭遇了民间组织就人权问题的质疑和施压。比如，我国与海外公司在社会责任惯例应用到企业实践中的认识与观念也存在差异；再如，近年来出于贸易保护要求，西方一些国家常常以倾销调查和知识产权保护为缘由，向外来投资者发难并收取较大金额的倾销税。因不同国家、地区对倾销价格的计量方法和判定等方面的实践存在很多不一致，从而导致信息不能够准确地转达给对方，甚至信息被曲解，致使我国多个企业因不熟悉相关判断法规和标准等而难以防备，故常常遭受诉讼。近期的一个报道是，美国对中国出口的集装箱企业征收 40%～125% 的高额反倾销关税，使得中国企业出口产品价格的优势被破坏。为了开拓海外市场，许多有一定实力的企业不得不越来越多地选择并购方式，通过参与性持股来增强对东道国商业实践的应变力。

斯哲那和史密斯（Svejnar and Smith，1984）利用谈判力量的理论具体解释了跨国投资的股权选择策略。他们认为，持股比例是投资双方不断地进行谈判的结果。对于谈判力量从何处来？美国学者约翰·温克勒提出了影响谈判实力的几个主要因素。其中，谈判信息掌握程度最为关键。谈判中谁具有信息优势，谁就具有主动权。对相关信息的准确把握决定了谈判实力的高低。交易条件是另一个影响谈判力量的关键要素。交易条件对一方的满足程度越高，说明交易条件对其就越有利，其让步或回旋的余地越大，在谈判中就越主动，实力就越强；若交易内容对一方越重要，说明其需求程度越高，则主动权就越差，因而谈判实力就越弱。在《有成效地谈判》（*Bargaining For Results*）一书中他指出，虽然谈判技巧的灵活应用对谈判成功也非常重要，但充分了解谈判对手及规则，做足尽职调查更加重要。欧美等国家商务谈判规则的取向与我国不同，中国的商务来往非常注重建立共同情感与和谐的人际关系，认为相互间的融洽关系有利于建立信任和减少摩擦，并对谈判的成败有很大影响。然而，在欧美国家成熟的市场经济条件下，商务来往虽然也注重人际关系构建，但更强调的是对经济利益共同点的追求。如西方国家企业往往以诸如股东冷餐会的低情感投入方式进行人际沟通与谈判。

本书分析，谈判实力、国际经验有助于减少跨国公司对东道国商业环境差异的不适应。因为对东道国的市场潜力、企业投资及信息披露监管等商业实践越了解，关键信息的搜寻成本也越小，越有利于增加股权比例的并购谈判。据此提出理论假设 5：

随着母国与东道国商业实践距离的增大（即市场监管、企业投资信息披露程度差异的比较），海外并购高股权比例的选择倾向越大。

3.3.6 海外并购战略动机与股权寻求

传统经济理论认为，跨国公司具有潜在的"占股偏好"，其真实目的是获得海外公司的内部控制权，从而降低交易成本及其面临的风险系数。现代战略管理理论的观点认为，跨国投资的动机也影响着其进入模式和控制权的选择决策。研究发现，发展中国家开展海外并购的其中一个重要的动机是获取关键资产，在股权方面的选择往往需要比较从当地转移隐性知识的成本和少部分股权还是控股收购所得的利益（Das and Teng，2000；Ink and Pen，2001）。研究表明，公司的较大股权持有人有强烈的动机分散其资本和财富风险，特别是当公司的管理层拥有一定股权时，他们经常发起能降低公司特定风险的并购活动（Aggarwal and Samwick，2003）。基于这一动机，公司对并购方式的选择也往往与分散风险的不同目标相关联。如通过采用混合型并购方式来分散公司处于单一行业的风险、采用跨地区的海外并购来降低公司所处的某一个国家的市场风险、采用纵向并购来降低某一个生产环节的风险等。[①]

除了风险规避的动机外，一些研究还对海外并购的动机进行其他分类：寻求资源、寻求市场/效率、战略寻求（Narula and Dunning，2000）。蔡（Cai，1999）则认为，寻求自然资源、寻求市场、寻求技术和管理技能及寻求金融资本是影响中国企业 OFDI 的四类主要动因。而邓（Deng，2004）认为，中国企业 OFDI 的动因还包括寻求战略性资产（如品牌和市场网络）和寻求多元化。芬兰学者阿图等人（Arto. Ojala，2009）研究了知识密集型中小企业的国际化，运用宏观心理距离指标和经理人感知的心理距离变量进行

---

① 周瑜胜，宋光辉．集中式股权结构、公司控制权配置与并购绩效——基于中国上市公司 2004～2012 年股权收购的证据［J］．山西财经大学学报，2014（7）．

了定量分析。研究发现，对东道国的市场规模、市场机会寻求动机和经理人的行动对心理距离的影响有调节作用。

按照股权结构及对控制权的把握程度，跨国公司对并购目标公司的管控主要包括四类：一是资本型控制，表现为产权分明，经营权下放，被并购公司管理层仍拥有较大的经营管理权，能自主决定其经营活动，母公司的控制距离较长。二是行政管控型，表现为母国公司具有高度的一体化经营集权，其决策意志能得到子公司的有力贯彻，而子公司的控制权力弱化，母公司的控制距离较短。三是参与型控制，主要表现为子公司管理层在并购后获得了一定的股份奖励，具有所有人和经营者的双层身份，其人力资本可被母公司有效利用，形成资金资本和人力资本相结合的经营体制。四是探索型控制，主要指母公司的投资较小，子公司只作为一个平台，为其提供销售窗口或是中间服务等，以降低其海外经销成本。上面四种管控模式涉及股权比例分配，但在一些情况下，股权比例并不决定最终的实际控制权。股权和控制权的实际配置可能是不对称的（Lee，2003）。原因是其中还有对非股权控制等方面权限的掌控能力，比如关键资源、谈判能力、融资能力、管理技能和技术等。

本书分析，母公司实力、动机以及匹配了公司的战略和区位的吸引力构成了跨国企业从事跨国经营复杂的机制，该机制可以解释跨国公司寻求对其目标公司的控制权的真实需要的是什么，其控股的最终目的是基于从海外市场上获得的专有资产（股权资产）和非专有资产从而寻求最大投资获益。通过以上分析可知，股权比例对并购公司的控制权发挥了基础作用。高股权地位或有效的股权控制有利于实现对非股权的控制，进而更加有利于对最终目标的整体控制。企业对非股权的有效控制，有利于改变现有的股权地位，实现其提高或降低股权地位的战略意图（薛求知，2006）。持股程度往往反映了主并购公司的管控意志，也可以说粗略地反映了其并购的动机：试图全面掌控并对子公司业务发挥一定的影响还是与其仅保持一个稳定的协作关系。如果仅就股权结构本身，其理论解释还包括：股权代表对投资企业的控制程度；股权代表投入资源的承诺水平；股权作为跨国公司实施公司治理的基础；股权是获取其他互补性资源的渠道；与东道国政府谈判的结果。

通过以上归纳可知，股权的选择和配置是一个循序渐进的过程，并购方以股权安排为基础，通过对目标国环境差异进行评估、融合和战略匹配，为并购后的控制权配置提供了基础和权威来源。根据以上分析提出理论假设6：

随着母国并购方对技术知识、能源、市场等战略资产寻求的动机增大，海外并购股权比例的选择倾向越高。

3.3.7 知识和组织经验影响着海外并购的股权寻求能力

如果说国际化是跨国公司在国外进行资源配置的驱动程序，那么投资东道国的选择不仅是公司如何建立和将知识与技术转让给其投资的子公司的方式，还是公司如何通过其子公司的演化发展其能力的选择。巴特莱特和郭索尔（Bartlett and Ghoshal，1987）发展了子公司嵌入性的概念，认为子公司能否独立运营取决于能否嵌入到东道国各个商业网络中。安德森和福斯格林等人（Andersson and Forsgren，2002）认为，子公司技术和业务嵌入性越强，其企业影响力和市场绩效越好。

然而在国际化的初级阶段，企业往往会低估海外并购的复杂性和夸大并购交易潜在的协同作用（King et al.，2004）。对于由合并企业的战略资产而实现协同是一项挑战，因为这会面临着许多困难，来自企业文化及所产生的管理系统的差异，以及在补偿和抵制收购方的指令上面感知的不平等（Child，Falkner，Pitkethly，2001），为了海外并购的成功，企业需要发展知识和惯例来克服这些问题——那就是吸收能力（Zollo and Singh，2004）。一个组织员工的知识存量是已知的能积极影响公司知识创造能力的要素（Smith et al.，2005）。企业往往缺乏对国外市场足够的知识，这是在寻求国际扩张的一个重要的不确定性来源。研究表明，组织能力和经验的本质与形式对理解跨国公司的国际化经营特别是他们进入方式的选择非常重要，因为公司由"知识基础"组成，具有在组织间不易扩散的特质，而合资正是可以作为转移这种知识的工具（Madhok，1997）。考格特等人（Kogut，1991）的研究表明，知识的取得源于组织间的相互学习，公司进入某一海外市场不仅是应用其现存的竞争优势，而且是通过学习和知识获取，开发新的资源或建立新的能力。社会网络有助于减轻来自市场的不确定性的挑战（Peng and Luo，2000）。公司在面临更大的不确定性下，高层管理者的社会网络变得越来越重要，因为它可以被用来创造更加稳定可靠的与外部环境的关系（Luo，2003）。在海外并购的背景下，若企业团队成员之间建立了更大的社会网络会减少与国际扩张相关的风险，因此并购企业能够倾向于选取更大股权份额的并购模式。

在本质上，企业的现有知识有助于其吸收能力，它可以帮助企业了解由外国企业持有的关于行业、产品、客户等的相关知识，促进了知识的吸收和企业在持续经营的新知识的发展（Zahra and George，2002）。中国企业进行的海外并购，其成功将取决于并购之前的相关知识，这知识将使他们能够有效地评价目标公司及其战略资产价值。图 3 - 3 是一个跨国企业通过海外并购获取战略资产、竞争优势与绩效的吸收能力作用模型。

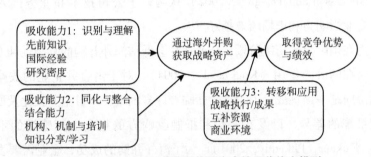

图 3 - 3　一个通过并购获取战略资产的吸收能力模型

资料来源：Ping Deng. What Determines Performance of Cross - Border M&As by Chinese Companies? An Absorptive Capacity Perspective［J］. Thunderbird International Business Review Vol. 52，No. 6. 2010.

当然，在不熟悉的国际市场开展经营时，企业可能要处理许多信息。开展跨国经营所需的信息常常与组织所拥有的信息量之间存在着相对的不匹配，或是进行信息的采集和处理需求之间的差异，这些都要求在企业国际化时具有与匹配信息所要求的内在处理能力。要想成功地跨境并购，企业需要发展相应的知识和技能以筛选那些与自身公司和文化不同的目标公司，并把它们整合到自己的组织中（Vermeulen and Barkema，2001）。跨国企业的员工承担着执行具体任务的工作，因而需要有相应的信息处理能力，否则他们将面临更多的国际市场困惑，会对本企业开展国际化的进程信心不足。鉴于独资模式与合资模式对比需涉及相对较高的资源承诺与控制（Hill et al.，1990；Kim and Hwang，1992），因而前者比后者运营所需的信息量会高得多。那么拥有较强信息处理能力的员工的那些企业会更有信心将全资经营作为一个可行的进入模式选择。此外，员工之间的信息处理能力存在显著的差异，他们当前具备的知识或许将成为获取新的知识和信息以及选择某种进入模式的决定因素。因为某种进入模式所需的知识积累需要时间。

当前，研究吸收能力的文献提出了一些影响跨国经营效率的新发现，通过测量跨国企业员工具有的吸收能力水平——该水平是员工个人能力和动机的反映，以此来探究员工吸收能力的大小对企业的知识转移产生了多大影响。在国际扩张的背景下，具有较高水平吸收能力员工的企业会更有自信去处理通过全资方式扩张的所有任务。因此，海外并购中，企业拥有更高水平的吸收能力的员工将更有可能把全资模式作为一个有吸引力的和可行的战略选择。这和前期一些学者（Buckley and Casson，1998；Hill et al.，1990）研究海外并购动机的结论不谋而合。对美国服务业跨国公司的研究结果显示，跨国投资经验与进入模式的控制权成"U"型关系（Erramilli，1991）。即企业初入国际市场，缺乏经验和信息时，海外进入偏好选择高控制模式；随着经验的累积，开始采用合资模式等较低控制模式，以更好地利用东道国的各种战略资源；当经验非常丰富时，海外进入又偏好全资等高控制模式。

本书分析，由于我国的跨国公司还处于初期阶段，基于国际经验（跨国网络、运营信息处理、知识吸收能力等）的缺乏，分享的股权模式可能收益越大。基于上述理论分析，提出理论假设7：

随着母国并购方对目标企业估值信息的掌握与评估程度的增大，海外并购股权比例的选择倾向越低。

3.4　本章研究小结

在寻求影响发展中国家海外并购的股权选择策略的因素时，本章首先分析比较了海外并购的不同类型及各自具有的特征优势，其次，在充分借鉴发展中国家跳跃式国际化进程及开展海外并购的非市场优势理论研究的基础上，通过对多个不同的理论视角进行梳理与整合，主要以交易成本理论、折衷理论、谈判理论、战略理论、制度环境论为基础，将时间、空间的客观距离和对文化、语言、制度、商业实践等方面的主观感知距离同时引入分析模型，综合对比并分析了心理距离的不同来源，其所导致的信息流动与搜寻成本以及距离感知引致的商务交易关系与信任成本，在此基础上构筑了本书研究的心理距离与并购股比选择关系的概念框架和理论模型。接下来，根据模型架构的各组成部分，本书作者详细分析了构成心理距离的各距离要素产生的影响并预计了其影响发挥作用的方向或程度。以此为基础，提出了本书研究主题相关的理论假设（见表 3 - 3）。

表 3 - 3　　　　　　　　　　理论假设的相关表述

理论假设	相关表述
假设 1	随着母国与东道国地理距离的增大，海外并购股权比例的选择越低
假设 2	随着母国与东道国文化距离的逐步增加，海外并购寻求的股权比例越低
假设 3	随着母国与东道国制度距离的增加，海外并购股权的比例选择越高
假设 4	随着母国越是以东道国高技术企业为并购标的，海外并购股权的比例选择倾向越高
假设 5	随着母国与东道国商业实践差异的增加（即市场监管、企业投资信息披露程度比较），海外并购的股权比例选择倾向越高
假设 6	随着母国并购方对技术知识、能源、市场等战略资产寻求的动机增加，海外并购股权比例的选择倾向越高
假设 7	随着母国并购方对东道国目标企业估值信息的掌握与评估程度的增大，海外并购股权比例的选择倾向越低

第4章

实证研究设计

借鉴伊万斯和马文度（2002）及其他学者的观点，跨国投资面临的距离障碍（指心理距离）被定义为决策者通过对文化等差异的感知所决定的国内市场和国外市场之间的差异，而这个差异大小又是通过法律、政治、经济、商业实践和语言的不同所导致的。所发生的距离描述也不仅指地理上的分离缘故，虽然这也很重要，更多的缘由文化、行政、政治和经济的尺度，可以以此评价国外市场具有更多或更少的吸引力（Ghemawat，2007），詹姆沃特的代表性观点也被认为是心理距离构筑维度的最清楚的参考（Kuo and Fang，2009）。

本书从信息与成本角度构筑了研究心理距离的核心变量，并且将其他国家层面和组织层面的变量作为辅助分析变量一并放入模型中。根据收集的样本和相应的数据，判断采用有序 logistical 模型来进行验证更加具有说服力。

4.1 因变量的选择与说明

通过清科研究集团下设的私募通、CV 等发布的数据资料，我们收集了从 2004～2014 年共 11 年之间的海外并购数据，鉴于世界银行发布的 WGI

指标最新更新至 2014 年，因而没有将 2015 年的并购样本纳入计量。按照在此期间的全球经济的发展特点划分阶段，分别经历了从 2004～2007 年是较为快速发展时期，2008～2011 年是进入金融危机时期以及 2012 年至今的危机后调整和部分国家如美国等经济复苏这三个有代表性的阶段。中国也经历了海外投资的大规模发展阶段、短暂调整到经济发展速度逐步放慢等阶段，因而该时期的数据具有不同的变化，能从中反映出一定的变化规律。选择这一时期的样本对于揭示不同时期心理距离因素对海外并购股权寻求的影响效果能更有体现，进而更能发现和便于实证中国企业海外并购的股权特征。我们将前两个阶段合并，2004～2011 年的样本数据分为一组。

因变量的具体计量选择的是中国跨国企业海外并购的股权比例（Share of Equity），记作 Stock。该比例分布于 10%～100%，按照控股的程度高低，我们又分为三个区间段。根据全球并购数据库的标准，只有超过 10% 股权的海外并购才被称为有控制权需求意愿的跨国直接投资。因而我们把收集的资料重新进行了整理，去掉了低于 10% 股权的和虽然披露的股权比例符合要求但其他资料缺失的并购案件（如并购双方所在国家不明、行业不明、企业估值和并购金额等数据不翔实的样本）。最终得到了 336 个确切的样本数据，涉及 56 个国家和地区。

4.2　自变量的选择与说明

按照以往学者的研究，目前衡量距离维度使用最多的是基于国家层面的三维外部距离的方法，即地理、文化、制度距离。这个划分还是比较粗略的。根据前面的理论论述，借助詹姆沃特（2001；2007）的行政、文化、地理、经济距离的识别框架，将距离维度分为空间维度、文化、制度、语言维度和微观企业维度。在对每个维度的相应指标进行一定调整的基础上，构筑了本书的心理距离维度各项衡量指标——该框架可帮助跨国企业管理者识别和评估各距离因素对并购过程的影响。具体衡量指标如下。

4.2.1　文化距离

文化距离的度量受到了学术界的广泛关注。自考格特和辛格（Kogut and Singh，1988）第一次使用霍夫斯泰德（Hofstede，1980）文化四维度评分[①]（即权力距离、个人/集体主义、男性/女性主义、不确定性规避）来测量文化距离以来，该方法得到了大多数学者的认同。其具体的文化距离公式为：

$$CDj = \sum K = n1 \left[(Ihk - Ijk)^2 / Vk \right] / N$$

其中，Ihk 表示母国 h 的第 k 个文化维度指标值，Ijk 表示东道国 j 的第 k 个文化维度指标值，Vk 表示第 k 个文化维度指标值的方差。自该研究以后，虽然有些文献在文化四维度的基础上提出了替代性的文化距离公式（Agarwal，1994；Grosse and Trevino，1996；Morosini et al.，1998），然而比较了大多数学者的研究，本书认为，霍夫斯泰德的文化维度在衡量文化距离上面要优于其他替代性维度。为简单起见，有些作者在测量国家间的文化差异或距离时只是选取了霍夫斯泰德文化指数中的不确定性规避和个人主义两个维度来代表（Reuer and Koza，2000；Murali DR Chari and Kiyoung Chang，2009）。本书对文化距离的测量以艾特姆（itim）文化咨询国际中心网页上显示的霍夫斯泰德等人在 2010 年调整后的比较文化差异六指标的分数值为参照[②]（个别国家如韩国等仍只有四个指标）来衡量中国和被并购企业所在国家之间的文化距离[③]。新的包含六指标的相关研究，可见发表于 2010 年

[①]　霍夫斯泰德在 1967～1973 年间收集了分布于 70 多个国家的 IBM 公司的员工价值观数据，到 2001 年，该研究包含了 74 个国家和地区。2010 年，进一步拓展到了 101 个国家和地区。霍夫斯泰德前期提出了四个描述、区分文化差异维度：权利距离、个人主义/集体主义、不确定性规避及男性/女性气质。之后，在霍氏与中国雇员及经理的合作中，又发展了一个新的衡量维度：长远取向/短期取向（后更名为实用主义 Pragmatism 以消除此前误认为该指标是只与时间影响有关的误解）。2010 年，显示的文化维度增加到六个。

[②]　http//www.itim.org/.

[③]　在现有研究文献中，还很难见到利用六指标来衡量文化距离的文章。本书在此做一个尝试。

的霍夫斯泰德和迈克尔·明科夫（Hofstede and Michael Minkov, 2010）合作著作《组织文化：心灵的软件》第三版。书中的前四个指标仍沿用霍夫斯泰德以往的研究，因为此前许多学者的研究中，不确定性回避维度被认为是潜在的表示文化距离最为显著的因素。而第五个指标长期导向 LTO 更名为实用主义（Pragmatism），以消除此前该指标被误认为是只与时间影响有关的误解。增加的第六个指标是放纵。这六个指标的解释如表 4 - 1 所示。

表 4 - 1　　　　　　　　　　　　文化距离六指标的含义

个人主义——Individualism（IDV）	社会对于个人成就及人际关系的认同程度。高个人主义强调个性及个人权利在一个社会中是头等重要的。倾向于建立一种松散的组织关系架构。低个人主义（集体主义）文化指组织更强调个体之间紧密的联系。这些文化强调家庭式的观念和情感依赖以及成员对于组织中其他成员的责任感
权利距离——Power distance（PD）	这个维度涉及的是这样一种文化态度——在社会上所有的人是不平等的，这些不平等就发生在我们中间。权力距离被定义为在何种程度上一个国家内部的机构和组织极少拥有权利的成员期望并接受权力分配的不平等
男性气质——Masculinity（MAS）	关注对于一个社会传统对男性成功、控制、权力及女性的社会角色模式的认同程度。高分显示该国家对于性别差异的敏感度很高，男性占据了社会及权力结构的主体地位，而女性则在男性的控制之下。低分显示出这些国家对于性别差异认同度不高，没有明显的性别歧视。身处这种文化中的女性常常可以在各个方面享有与男子平等的权利
不确定性规避——Uncertainty Avoidance Index（UAI）	聚焦于对于不确定性及含糊性的容忍程度。比如：非常规形势。一个高不确定性规避的组织通常是规则导向性的，通过建立一系列法律、规章、制度，来限制减少不确定因素。一个低不确定性规避组织则对于不确定情况具有高的容忍度及适应力。这些组织通常更愿意变革，乐于承担风险
实用主义文化——Pragmatism（PRG）	关注一个组织和社会是否愿意忠于过去传统的、先前的思想和价值观，以应对当前和未来的挑战。高分取向强调长期承诺，尊重传统规范和保持对变革的怀疑，认为长期忠诚会带来丰厚的结果。低分的组织往往是短期取向文化，不强调长期观念，传统和承诺不会成为组织的绊脚石，在行动上能够灵活机动

续表

放纵——Indulgence（IDG）	基于社会教育方式的背景下，人们在多大程度上控制自己的欲望和冲动，高分意味着该社会背景下，人们对享乐和休闲抱有积极和乐观的态度，愿意花费在这上面；反之，低分则表明该国属于很内敛的国家，人们普遍不重视闲暇时间和欲望能否得到满足，教育理念上试图克制或控制自身的欲望和享乐消费的冲动，认为这是不正当的生活态度观念

4.2.2 制度距离——国家治理质量的评价

学者对于制度距离的衡量在相关文献中较多采用的指标包括：美国传统基金会公布的全球经济自由度指标（Economic Feedom Index，EFI）、透明国际发布的全球清廉指数（Corruption Perception Index，CPI）、世界经济论坛的全球竞争力报告（Global Competitiveness Report）等。借鉴陈和马克奴（Chen and Makino，2008）、郭和方（C. L，Kuo and W. C. Fang，2009）、万来伦和高翔（2014）等人的研究，我们采用世界银行发布的全球治理指数数据库（world governance index，WGI），全球治理指数常常被看作是反映了一个国家的政府制度水平和行政治理质量，目前包含了215个国家的评分。因其全面性和综合性，近年来在各类涉及制度因素的跨国研究中，是学者较多采用的指标[1]。

WGI包括六个综合指标，是丹尼尔·考夫曼（Daniel Kaufmann）等人基于对全世界政府治理进行了大量的调查和专家评估的基础上形成的。在对形成的31个基础数据源报告进行分类和对细节采用特定的聚合方法进行分析的前提下，对最终考量指标进行了解释[2]。具体来说，一国的行政治理是

---

[1] 考夫曼（1999）首先确定了1998年指标，并建立了6个综合的合计指标。2003年，考夫曼修订了前期工作，并将研究扩展到了199个国家，包括四个时间段：1996年，1998年，2000年和2002年。这些综合指标的使用，减少了使用单一方法的限制。目前世界银行发布的全球治理指数已经更新到2014年。

[2] Daniel Kaufmann, Aart Kraay and Massimo Mastruzzi. The Worldwide Governance Indicators: A Summary of Methodology, Data and Analytical Issues [J]. World Bank Policy Research Working Paper, 2010, No. 5430.

指一国政府建立的影响企业从事经济活动的制度和惯例。依据世界银行做出的研究结果，全球治理评价指数共有六个维度：话语权和问责制、政治稳定和无暴力、政府效率、监管质量、法治与腐败控制。这六个维度对应三种不同的治理方面。前两个维度，话语权和问责制，政治稳定和无暴力，反映了政府的选择、监督和替换的过程。中间两个维度，政府效率和监管质量，代表政府有效制定和实施、完善政策的能力。最后两个维度，法治和腐败控制，反映了国家对其公民的管理体系，用于管理他们之间的社会和经济的交互活动。对于跨国公司而言，并不是所有这些维度都有同样的重要性。话语权和问责制，代表公民参政、民主和政治权利。虽然话语权和问责制是国家治理环境的重要特征，但他们与其他治理因素相比，如果有良好的商业机会，并且公民不会影响该国政治进程，跨国公司仍然会投资该国。相反，法制的缺失或不良发展，抑制了监管环境，可能会阻止所有的外国公司在该国投资。与治理质量相关的政治稳定和无暴力这个维度是外国公司所关注的，因为政府政治的突然变化可能导致有关外国投资者的政策变化，甚至会产生对现有合同的否定。政府效能是指由政府"投入的质量"，以实施良好的政策和提供公共设施。它代表的政府机构和公共服务的质量、公务员的能力、政治压力的独立性，以及政府对政策承诺的可靠性。在某种意义上，政府效能对外国投资者来说更重要。来自较低政府效能的发展中国家的跨国公司，更习惯官僚主义和缺乏高质量的公共设施。因此，在提供公共设施上，他们的投资也更有经验。监管质量是指存在妨碍市场正常发挥作用的政策，如价格管制或银行监管，以及在诸如业务发展、进入和取得执照或外贸等领域的调控。法治是指在社会创造公平和可预见规则的一种环境，它形成经济和社会交往的基础，如财产权利在某种程度上予以强化。腐败是指行使公共权力以谋取私利。腐败的存在，表明缺乏对支配社会经济互动规则的尊重。它是指需要支付额外的、不合法的款项来做事情。腐败增加了在该国的经营困难，降低了外国直接投资的意愿并改变其进入的模式。

4.2.3　商业实践与经济距离

伊万斯和马文度（2002）提出的心理距离含义为国内市场和国外市场之间的距离，该距离是通过文化和商业环境的识别来判断的。而商业实践差异则又与法律、政治、经济、文化和语言的差异相联系。经济距离主要表现在消费者收入的差距和在使用基础设施、自然、财务资源等上面的成本以及人力资源的质量等。经济距离大小是影响公司选择在该东道国投资或不投资的一项重要决定因素。一些学者研究了个别国家的经济特征影响外国公司在美国的投资选择。他们发现，美国的人均收入较高和更密集的制造业活动吸引了相对更多的外国直接投资（Coughlin，1991）。

本书操作化商业实践的差距，主要表现在为了保护企业的权力（如股权和知识产权）等进行的企业投资监管和对市场交易规则的维护等方面。该商业环境主要反映和影响到在目标国的运营、市场政策与汇兑风险等几个方面。通过对商业实践环境的综合评定来判断该国的投资指数、评估投资机会，投资者可以以此为前提来判断该国市场对外来投资者的吸引力和市场潜力。从跨国投资的动机角度看，选择具有一定经济优势和良好商业实践的东道国进行直接投资，是跨国公司基于追求合理利润的或是有效率地实现战略动机需要着重考虑的因素。战略管理专家波特（Poter，1990）指出，将地理上分散的活动集中在某个东道国进行，可以在规模经济和范围经济中受益。从概念上讲，评估一个投资区位被视为一个单独的成本动因。其他动因包括：当企业进行海外投资，以获得在本国不可得的资源，他们的投资被称为资源或资产寻求型对外直接投资。所涉及的资源，包括自然资源、原材料或如劳动力低成本投入。而对外直接投资以维持现有的市场优势，或开拓新的市场，这类投资的目的是更好地服务于当地市场。因而市场规模、市场的增长及东道国其他经济因素是市场寻求型（market-seeking）海外并购的主要影响因素。当然相对于发达的东道国而言，母国与东道国在商业实践方面的差异所引致的距离则更加鼓励了跨国公司的对外直接投资。

4.2.4　地理距离

许多研究表明，FDI 是不成比例地集中在那些具有聚集经济的某些国家和地区的。也即某些学者关注的所谓产业集群（McEvily and Zaheer, 1999; Poter, 2003）。这些集群地区对于跨国企业持久竞争优势的构建产生了深刻影响，并且在全球经济中的地位越来越重要。如美国的北卡罗来纳州和南卡罗来纳州的纺织公司集群，在德国南部的高性能汽车公司集群，以及意大利北部制鞋与时装公司集群，是建立这种持久的竞争优势的例子（Poter, 1998）。技术减少了与距离相关的各项成本，交通技术的发展和远程生成的信息和通信技术（如电子邮件和视频会议），已经导致许多研究者和实践者产生怀疑：传统的距离敏感的国际化过程在迅速全球化的世界中不再是有意义的了。本书认为，虽然毫无疑问地，距离感在逐步地减少，但事实上距离仍然存在，只是计量上需要一些改进。

地理距离包含一系列的因素，包括物理距离、共同边界、河流或海洋、运输和通信系统及气候。发展中国家跨国公司与不发达国家可能有地理位置接近的优势。地理上的接近或距离大小，将改变东道国的吸引力，并可预期是否便利各国之间的贸易和经营。地理距离带来运输和通信成本，因而是处理粗重或散装产品，或其操作需要高度分散的人，或活动之间需要高度协调的公司特别重视的（Ghemawat, 2001; Jonhansen and Vahlne, 1977）。此外，海外业务和业务间的空间距离，需要公司支付额外的交通、通信、协调费用。发展中国家往往彼此更加接近，发达国家和发展中国家之间很少有共同的边界，这是事实。发展中国家跨国公司的一个天然优势，就是与其他发展中国家的地理接近。例如，研究者发现，在尼泊尔吸引的外国直接投资中，印度和中国就占了一半以上。

对地理距离的衡量虽然有多个指标，本书参考大多数学者的研究方法，利用空间距离测量软件对地理距离指标进行衡量①。我们使用的是各国和地区的首都与中国北京的直线距离，以千米为单位。

4.3　样本来源和指标处理方法

4.3.1　样本来源

我们主要借助于清科研究中心下设的私募通数据库提供的并购事件，同时也参考了晨哨网②和其他并购信息网站。作者收集了从 2003～2014 年间的海外并购事件 946 件。截至 2014 年 12 月，该数据记录的最新并购事件是 2014 年 11 月 5 日完成并购的深圳中小企业板块的上市公司——深圳英飞拓科技股份有限公司，该公司是全球领先的电子安防与光通信设备制造商，以 11210 万美元、超过 97.50% 的股权并购了澳大利亚专用仪器仪表制造企业斯万恩（Swann）。此外，完成于 2014 年 11 月 4 日的由中恒集团少量并购以色列两家医药企业因特格洛和欧若穆德（Integra and Oramed），分别以 300 万美元和 500 万美元并购了 5.26% 和 6.537% 的股权，其中后者还是在美国上市的制药企业。然而，由于 10% 以上股权比例的限制，这两起并购案例没有作为本书的样本考虑。上述并购并非全部完成的，有的仍在进行中，其结果有待确认。因而我们进一步细化数据，选择了已完成收购的 645 件并购案件。

按照清科研究中心的行业分类，分为 21 个大类。具体包含：互联网、IT、电信及增值业务、机械制造、电子及光电设备、半导体、广播电视及数字电视、娱乐传媒、生物技术/医疗健康、清洁技术、连锁及零售、食品&

---

① http：//www.cepii.fr/CEPII/en/welcome.asp.
② china.venture.com.cn.

饮料、纺织及服装、农/林/牧/渔、教育与培训、能源及矿产、化工原料及加工、房地产、建筑/工程、汽车、物流、金融、其他。其中，被并购方是能源及矿产行业的 13 家；互联网、IT、电信及增值服务 94 家；机械制造 83 家；电子及光电设备和半导体 24 家；广播电视及数字电视 1 家；娱乐传媒 13 家；生物技术/医疗健康 32 家；清洁技术（新能源、新材料）28 家；连锁及零售 24 家；食品＆饮料 18 家；纺织及服装 8 家；农/林/牧/渔 15 家；教育与培训 2 家；能源及矿产 136 家；化工原料及加工 23 家；房地产 18 家；建筑/工程 20 家；汽车 35 家；物流 5 家；金融 32 家；其他（印刷、交通运输、旅游等）28 家等。

在披露股权资料的 776 件并购案件中，其中并购方为上市公司的 550 件，非上市公司 224 件，被并购方为上市公司的 92 家，684 家为非上市公司。在 776 件并购案件中，其中已经完成并购的 530 件，进行中的 227 件，终止了 17 件。在完成并购的 530 件中，并购股权 99% 以下 309 件，280 件在 80% 及以下，小于等于 50% 股权的 161 件，并购 100% 股权的有 105 条，不足 10% 的 24 件，低于 20% 股权的 66 件，30% 以下的 102 件。

530 件披露股权资料且已经完成的并购事件中，并购金额 100 万美元（US\$1 M）以下的 25 件，占比 4.7%；100 万美元至 1 亿美元的 237 件，占比 44.7%；1 亿美元至 100 亿美元的 143 件，占比 26.98%，百亿美元以上的并购案 2 例，分别是：2012 年 7 月中国海油（中海油）并购加拿大尼克森公司和 2008 年 2 月中国铝业并购英国力拓。前者以 151 亿美元并购了 100.00% 的股权；后者以 140.5 亿美元并购了 12.00% 的股权。

4.3.2　处理方法

1. 文化距离与语言差异的测量。

首先是文化距离，值得注意的是，某些国家的 Hofstede 文化维度仍然只有四个且仍都是非时变量。随着全球化水平和各国的文化交流水平逐步加深，文化差异也随着时间应逐步缩减，考虑到各个指数调整幅度不是很大，我们借助考格特和辛格（Kogut and Singh，1988）的计算方法，前面部分采取二位学者提出的公式，后面的部分我们将时间变化的影响效应考虑加进公式中。适当调整后的文化距离计算公式如下：

$$CDjt = \sum K = nl\left[(Ihk\text{-}Ijk)^2/Vk\right]/N + (2014 - t)/10 \qquad (4-1)$$

其中，分母取值 10 是因为数据的跨域是 10 年，使用 t 代表样本并购案发生的年数。其他的非时距离变量也以类似的方式计算。在中国海外并购所涉及的国家中，部分国家和地区的 Hofstede 文化指数是缺失的，因而我们依据地理区位和部分殖民国家独立以前的从属关系做如下处理：玻利维亚的拉巴斯参考南美洲国家如秘鲁；厄立特里亚参考埃塞俄比亚四个指标：70、20、65、55；吉布提的指标参考以往的东非指数；加蓬共和国参考西非指数；柬埔寨可参考尼泊尔，蒙古国和吉尔吉斯斯坦可参考俄罗斯的文化指数，以及努瓦阿图（首都维拉港）参考大洋洲澳大利亚。表 4－2 是依据本书公式的计算结果。

表 4－2　　　　　各国（地区）与中国文化距离指数计算结果

国家（地区）	1	2	3	4	5	6	综合 CD 指数
中国香港	0.3189286	0.0396009	0.2560525	0.0018564	1.2582477	0.0881229	0.3271348
澳大利亚	4.2878172	7.7617821	0.0790285	0.8186646	8.1078802	3.9727239	4.1713161
德国	4.4849328	3.4991381	0	2.2740683	0.029781	0.4603972	1.7913862
葡萄牙	0.6400719	0.0776178	3.8723984	8.838236	6.4792312	0.1456725	3.3422046
日本	1.4971924	1.0708091	2.6585201	7.1359334	0.0018613	0.5826901	2.1578344
奥地利	10.544575	1.9404455	0.5342329	0.1856382	1.3568973	2.7354065	2.882866
俄罗斯	0.3742981	0.5718374	2.8450274	7.8432151	0.0670073	0.0287748	1.9550267
美国	3.5436506	7.9851314	0.0505783	0.4752339	6.9259463	3.4817535	3.7437156
以色列	9.9421547	1.831147	1.1411721	4.8284503	4.4690129		3.7019895
意大利	1.9933035	4.9675406	0.0505783	3.7591741	1.2582477	0.0647433	2.0155979
英国	4.4849328	7.541601	0	0.0464096	2.4122619	3.6418134	3.0211698

续表

国家（地区）	1	2	3	4	5	6	综合 CD 指数
加拿大	3.7230479	5.7025338	0.6195838	0.6014679	4.8412756	3.4817535	3.1616104
泰国	0.5669841	0	3.237009	2.1459779	5.6304724	0.793106	2.0622582
特立尼达和多巴哥	0.0022148	0.1584037	0.0284503	5.0196577	7.387552	9.5838142	3.6966821
法国	0.3189286	4.1200807	1.6722439	5.8216148	1.0721164	1.0358936	2.3401463
印度尼西亚	0.0088591	0.0570253	1.2644566	0.6014679	1.1633207	0.3524916	0.5746035
芬兰	4.8924526	2.9288847	5.0578265	1.5612175	4.4690129	1.9584863	3.4779801
瑞士	4.6864779	3.6496216	0.0505783	1.4554037	0.3145619	3.1724241	2.2215113
新加坡	0.0797321	0	1.0242099	0.898489	0.4187955	0.8704384	0.5486108
卢森堡	3.5436506	2.5344595	0.8092522	2.9702116	0.9846347	1.8415886	2.1139662
中国台湾	1.0719543	0.0142563	1.3940634	2.8235574	0.0670073	1.1240165	1.0824759
新西兰	7.4505254	5.5140334	0.2023131	0.670154	5.4275892	4.677707	3.990387
巴西	0.2679886	0.513228	0.9135699	3.9281049	3.4415681	2.2030723	1.877922
加蓬	0.019933	0	1.2644566	1.0692762			0.5884165
西班牙	1.1716195	1.5222597	1.8208176	5.8216148	2.8310573	0.7193706	2.3144562
保加利亚	0.2214782	0.1584037	2.1369317	5.6155564	0.6030655	0.1150993	1.4750891
瑞典	5.3176907	4.1200807	11.762608	0.0018564	2.151678	5.2442113	4.7663542
刚果（民）	0.019933	0	1.2644566	1.0692762			0.5884165
波兰	0.3189286	2.5344595	0.0126446	7.3679812	4.4690129	0.0449607	2.4579979
荷兰	3.9068748	5.7025338	8.5477269	0.9820262	1.2582477	3.4817535	3.9798605
挪威	5.3176907	3.8032733	10.63408	0.7425529	5.0329908	1.7282877	4.5431459
阿根廷	2.1284051	1.0708091	0.3161142	5.8216148	8.3554348	2.5969277	3.381551
韩国	0.2214782	0.0396009	0.1138011	0.7425529			0.2793583
匈牙利	2.5602875	5.7025338	1.5299925	5.0196577	1.5653644	0.0881229	2.7443265
秘鲁	0.5669841	0.0253446	1.8208176	6.031386	7.1548878	0.8704384	2.7449764
南非	2.1284051	3.2076753	0.0284503	0.670154	5.2284287	2.7354065	2.3330867
巴基斯坦	0.4983259	0.0570253	0.8092522	2.9702116	2.5481377		1.1471588

续表

国家（地区）	1	2	3	4	5	6	综合CD指数
丹麦	8.5136205	4.6190524	7.902854	0.0909627	5.0329908	3.8054702	4.9941584
越南	0.2214782	0	2.1369317	0	1.6751819	0.2176096	0.7085336
加纳	0	0.0396009	2.1369317	2.2740683	12.822586	4.1435744	3.5694603
赞比亚	0.019933	0	1.2644566	1.0692762			0.5884165
印度	0.019933	1.2418851	0.3161142	0.1856382	2.4122619	0.0071937	0.697171
玻利维亚	0.5669841	0.0253446	1.8208176	6.031386	7.1548878	0.8704384	2.7449764
吉尔吉斯斯坦	0.3742981	0.5718374	2.8450274	7.8432151	0.0670073	0.0287748	1.9550267
乌克兰	0.3189286	2.5344595	0.0126446	7.3679812	4.4690129	0.0449607	2.4579979
厄立特里亚	0.2214782	0	0.0031611	1.1602389			0.230813
哥伦比亚	0.3742981	0.0776178	0.0126446	4.6409557	10.192551	6.2603222	3.5930649
土耳其	0.4340972	0.4577867	1.3940634	5.6155564	3.1288674	1.1240165	2.0257313
柬埔寨	0.4983259	0.1584037	2.1369317	0.1856382			0.7448249
墨西哥	0.0022148	0.1584037	0.0284503	5.0196577	7.387552	9.5838142	3.6966821
比利时	0.4983259	4.7917124	0.4552044	7.6037418	0.0465328	1.9584863	2.5590006
埃及	0.2214782	0.0396009	1.3940634	4.6409557	11.912404	0.7193706	3.1546455
蒙古国	0.3742981	0.5718374	2.8450274	7.8432151	0.0670073	0.0287748	1.9550267
瓦努阿图	4.2878172	7.7617821	0.0790285	0.8186646	8.1078802	3.9727239	4.1713161

计算结果显示，与中国文化距离最大的五个国家依次为丹麦、瑞典、挪威及大洋洲的澳大利亚和瓦努阿图；与中国文化距离小的国家（地区）分别为厄立特里亚、韩国、中国香港、新加坡和印度尼西亚。计算结果显示出，中国对北欧国家的文化陌生感较强烈，而对有历史渊源的亚洲国家文化感知较为亲近。表4-3是样本国家的文化距离各个维度值。

87

表 4-3　　　　　　　　　　样本所涉及的国家（地区）文化维度值

国家（地区）	权利距离	个人主义	男性气质	不确定性规避	实用主义	放纵
美国	40	91	62	46	26	68
加拿大	39	80	52	48	36	68
墨西哥	81	30	69	82	24	97
巴西	69	38	49	76	44	59
阿根廷	49	46	56	86	20	62
秘鲁	64	16	42	87	25	46
哥伦比亚	67	13	64	80	13	83
东非（吉布提）	64	27	41	52		
西非（加蓬）	77	20	46	54		
南非	49	65	63	49	34	63
加纳（阿克拉）	80	15	40	65	4	72
尼日利亚	80	30	60	55	13	84
英国	35	89	66	35	51	69
法国	68	71	43	86	63	48
德国	35	67	66	65	83	40
芬兰	33	63	26	59	38	57
奥地利	11	55	79	20	60	63
意大利	50	76	70	75	61	30
西班牙	57	51	42	86	48	44
丹麦	18	74	16	23	35	70
爱尔兰	28	70	68	35	24	65
挪威	31	69	8	50	35	55
瑞士	34	68	70	58	74	66
瑞典	31	71	5	29	53	78
荷兰	38	80	14	53	61	68
葡萄牙	63	27	31	99	28	33
中国大陆	80	20	66	30	87	24

续表

国家（地区）	权利距离	个人主义	男性气质	不确定性规避	实用主义	放纵
中国香港	68	25	57	29	61	17
中国台湾	58	17	45	69	93	49
韩国	70	25	60	50		
新加坡	74	20	48	8	72	46
马来西亚	100	26	50	36	41	57
尼泊尔	65	30	40	40		
菲律宾	94	32	64	44	27	42
泰国	64	20	34	64	32	45
越南	70	20	40	30	57	35
印度	77	48	56	40	51	26
日本	54	46	95	92	88	42
巴基斯坦	95	14	50	70	50	0
印度尼西亚	78	14	46	48	62	38
俄罗斯	93	39	36	95	81	20
比利时	65	75	54	94	82	57
匈牙利	46	80	88	82	58	31
波兰	68	60	64	93	38	29
保加利亚	70	30	40	85	69	16
以色列	13	54	47	81	38	0
卢森堡	40	60	50	70	64	56
埃及	70	25	45	80	7	4
土耳其	66	37	45	85	46	49
澳大利亚	36	90	61	51	21	71
新西兰	22	79	58	49	33	75
厄立特里亚	70	20	65	55		

注：本书整理并对部分国家进行了替代。

值得注意的是，计量文化距离的前半部分公式与时间无关。所以，我们首先针对每个指标，按照公式测算了每个国家与中国的差值的平方，再除以该指标的方差；其次，针对每个国家，将4个或6个指标距离的计算结果加总求平均。文化距离测算的后半部分是我们的改进做法，公式设计与时间有关。具体计算过程是：并购年份的时间越早，在前半部分得分的基础上所加上的时间距离 T 值（2014 - t）/10 越长。显然，我的思路是，随着时间的推移，中国对东道国的文化逐步了解，则文化距离对跨国投资的阻碍越低。

2. 语言距离的计量。

对以上国家语言距离的计量我们作虚拟变量分地区参考来设定，相应的编号为：0. 中国港澳台，1. 其他东南亚地区，2. 其他国家。有些学者按照与英语的相关性大小对亚、欧、美等几大洲的语言进行设定（如道等学者，其做法比较复杂），这里我们做了简化处理。

3. 对制度距离的计量。

某些研究者为了简化起见，对 WGI 的六个指标分别进行了主成分分析和方差最大化，以提炼出最有解释力的维度（闫大颖，2011；胡兵等，2014），本书参考以上学者的做法，对全部六个维度进行降维度的主成分分析处理，以提供最能反映政府制度与治理效率综合水平的指标分析。第一步，分别将每年的六个指标进行主成分分析，通过方差最大化正交旋转，提取出一个具有代表性的指标（这个指标的累积方差解释率最大在87.973%）；第二步，计算每年每个国家与中国的制度指标差值，因数值有正有负，我们取绝对值，再取相对数（除以整个样本的最大最小值差），以便于更精确地反映制度距离对于控股程度选择的影响。具体计量过程利用 SPSS 软件处理。下面以 2004 年数据为例展示处理过程及结果（见表4-4）。其他9年的主成分提取结果图略。

表4－4   WGI 六指标的主成分分析处理过程((1)～(7))

（1）相关矩阵[a]

		x1_2004	x2_2004	x3_2004	x4_2004	x5_2004	x6_2004
相关	x1_2004	1.000	0.678	0.870	0.882	0.863	0.806
	x2_2004	0.678	1.000	0.700	0.712	0.784	0.753
	x3_2004	0.870	0.700	1.000	0.952	0.965	0.957
	x4_2004	0.882	0.712	0.952	1.000	0.927	0.912
	x5_2004	0.863	0.784	0.965	0.927	1.000	0.958
	x6_2004	0.806	0.753	0.957	0.912	0.958	1.000
Sig.（单侧）	x1_2004		0.000	0.000	0.000	0.000	0.000
	x2_2004	0.000		0.000	0.000	0.000	0.000
	x3_2004	0.000	0.000		0.000	0.000	0.000
	x4_2004	0.000	0.000	0.000		0.000	0.000
	x5_2004	0.000	0.000	0.000	0.000		0.000
	x6_2004	0.000	0.000	0.000	0.000	0.000	

（2）相关矩阵的逆矩阵

	x1_2004	x2_2004	x3_2004	x4_2004	x5_2004	x6_2004
x1_2004	5.411	−0.521	−2.627	−2.663	−2.314	3.191
x2_2004	−0.521	3.233	4.510	−0.905	−3.933	−1.739
x3_2004	−2.627	4.510	32.857	−9.557	−13.509	−11.070
x4_2004	−2.663	−0.905	−9.557	12.559	0.995	−0.428
x5_2004	−2.314	−3.933	−13.509	0.995	25.080	−7.183
x6_2004	3.191	−1.739	−11.070	−0.428	−7.183	17.606

（3）描述统计量

	均值	标准差	分析 N
x1_2004	0.5128	1.00597	54
x2_2004	0.0922	0.92459	54
x3_2004	0.6991	1.08452	54
x4_2004	0.6165	0.95904	54
x5_2004	0.5257	1.03914	54
x6_2004	0.5898	1.17133	54

续表

(4) 公因子方差			成分矩阵 a	
	初始	提取		成分
				1
x1_2004	1.000	0.827	x1_2004	0.909
x2_2004	1.000	0.667	x2_2004	0.817
x3_2004	1.000	0.949	x3_2004	0.974
x4_2004	1.000	0.926	x4_2004	0.962
x5_2004	1.000	0.963	x5_2004	0.982
x6_2004	1.000	0.926	x6_2004	0.962
提取方法：主成分分析。			提取方法：主成分。	
			a. 已提取了 1 个成分。	

(5) KMO 和 Bartlett 的检验

取样足够度的 Kaiser – Meyer – Olkin 度量		0.877
Bartlett 的球形度检验	近似卡方	532.704
	df	15
	Sig.	0.000

(6) 再生相关性

		x1_2004	x2_2004	x3_2004	x4_2004	x5_2004	x6_2004
再生的相关性	x1_2004	0.827[a]	0.743	0.886	0.875	0.892	0.875
	x2_2004	0.743	0.667[a]	0.796	0.786	0.802	0.786
	x3_2004	0.886	0.796	0.949[a]	0.937	0.956	0.937
	x4_2004	0.875	0.786	0.937	0.926[a]	0.945	0.926
	x5_2004	0.892	0.802	0.956	0.945	0.963[a]	0.945
	x6_2004	0.875	0.786	0.937	0.926	0.945	0.926[a]
		x1_2004	x2_2004	x3_2004	x4_2004	x5_2004	x6_2004
残差[b]	x1_2004		− 0.065	− 0.016	0.007	− 0.030	− 0.069
	x2_2004	− 0.065		− 0.095	− 0.074	− 0.018	− 0.033
	x3_2004	− 0.016	− 0.095		0.015	0.009	0.020
	x4_2004	0.007	− 0.074	0.015		− 0.017	− 0.015
	x5_2004	− 0.030	− 0.018	0.009	− 0.017		0.014
	x6_2004	− 0.069	− 0.033	0.020	− 0.015	0.014	

提取方法：主成分分析。

a. 重新生成的公因子方差。

b. 将计算观察到的相关性和重新生成的相关性之间的残差。有 4（26.0%）个绝对值大于 0.05 的非冗余残差。

续表

<table>
<tr><td rowspan="2">成分</td><td colspan="3">初始特征值</td><td colspan="3">提取平方和载入</td></tr>
<tr><td>合计</td><td>方差的%</td><td>累积%</td><td>合计</td><td>方差的%</td><td>累积%</td></tr>
<tr><td>1</td><td>5.259</td><td>87.642</td><td>87.642</td><td>5.259</td><td>87.642</td><td>87.642</td></tr>
<tr><td>2</td><td>0.396</td><td>6.604</td><td>94.246</td><td></td><td></td><td></td></tr>
<tr><td>3</td><td>0.215</td><td>3.590</td><td>97.836</td><td></td><td></td><td></td></tr>
<tr><td>4</td><td>0.074</td><td>1.231</td><td>99.068</td><td></td><td></td><td></td></tr>
<tr><td>5</td><td>0.035</td><td>0.578</td><td>99.645</td><td></td><td></td><td></td></tr>
<tr><td>6</td><td>0.021</td><td>0.355</td><td>100.000</td><td></td><td></td><td></td></tr>
</table>

（7）解释的总方差

提取方法：主成分分析。

从相关度中可看出，第一指标话语权和问责制与第二指标政治稳定和无暴力是所有其他指标之间相关性程度最低的，为 0.678；而二指标与其他指标间的相关程度也相对较低，它与第三个指标政府效率之间的相关性为 0.7，与第四个指标监管相关性为 0.712，与第五指标法律相关性为 0.784，与第六指标腐败控制的相关性为 0.753。

第三指标政府效率与第五个指标法制之间的系数达到了 0.965。高度的相关性说明，可以将六个指标抽取一个公因子，来简化并代替原有的制度指标体系。

从均值中可看到，除了第二指标政治稳定和无暴力的分值较低外，其他各指标的分值平均数较为接近，说明对这些国家第二指标的评估差异较大，且总体上评价得分不高。本书总计观察了 54 个样本国家和地区的指标。

从公因子方差中可见，政府效率和法治指标的公因子提取度最高，分别是 0.949 和 0.963，其次是监管与腐败因子都是 0.926，最低的因子是话语权与问责制 0.667。这个结果与之前该指标与其他指标的相关性最低的结果一致。

我们看到，提取的主成分对来自 6 个指标取值比重除了第二指标的分量为 0.817 外，其他指标的分量比重均超过了 90%。在解释的总方差中显示，该主成分累积解释率达到了 87.643%，超过了 85% 的解释率，其余各年的成分大于 1 的特征值（范围在 5.089～5.278）累积方差解释率约在 85%～88% 之间（2005 - 86.952；2006 - 85.826；2007 - 85.322；2008 - 84.720；2009 - 84.819；2010 - 85.673；2011 - 86.989；2012 - 87.221；2013 - 87.972）。再生相关性中相关性之间的残差，有 4 个（26.0%）绝对值大于 0.05 的非冗余残差。表达的是主成分值拟合实际指标值的程度较高，能代表原始制度指标的指数要表达的评估程度。

利用主成分分析处理后所得的制度距离指标，我们再通过以下公式计算的结果来测试和揭示相关政府制度的影响效应。计算公式如下：

$$IDjt = |Ijt - Iht| / (maxIjt - minIjt) \qquad (4-2)$$

其中，$IDjt$ 表示 t 年中国大陆与 j 国家（地区）的制度距离。Ijt 表示国家 j 在 t 年的治理指数值，Iht 表示中国大陆 t 年的该项治理指数值。由于二者相减可能存在正负数，所以为精确反映政府治理指数的影响效应，对结果做了取绝对量值、相对数的处理。表 4-5 反映了样本国家与中国制度距离的计算结果。计算结果显示，与中国制度距离较小的八个国家分别是瓦努阿图、玻利维亚、加蓬、印度尼西亚、埃及、哥伦比亚、俄罗斯和阿根廷；制度距离较大的是丹麦、芬兰、瑞士、新西兰、瑞典、挪威、卢森堡和荷兰。与文化距离计算结果类似，制度距离计算结果显示出，北欧的几个国家与中国在治理制度的差距分值比较大。

4. 对经济距离和商业实践差异的计量。

我们用一个国家的对外开放程度和发展程度指标作为衡量国家之间经济距离的变量指标。具体做法是，使用世界银行发表的外国直接投资净流入量占 GDP 比例和一国 GDP 年增长率指标来考察。同时，一个国家的企业信息披露程度可作为对国外从事跨国投资的商业实践差距程度的测量指标。企业信息披露程度指数（0 = 较少披露，10 = 较多披露），用于衡量比较通过披

表4-5 部分样本国家(地区)与中国的制度距离计算结果

国家(地区)	2004年	2005年	2006年	2007年	2008年	2009年	2010年	2011年	2012年	2013年	2014年	制度距离均值
阿根廷	0.044087	0.096274	0.103719	0.093692	0.058283	0.031185	0.077622	0.092164	0.063704	0.054364	0.012199	0.066117628
澳大利亚	0.732125	0.695635	0.670643	0.64232	0.660245	0.642763	0.650627	0.657481	0.648865	0.629527	0.610189	0.658219926
奥地利	0.722032	0.703468	0.691747	0.67708	0.67129	0.626371	0.637919	0.611844	0.62076	0.619377	0.583735	0.651420416
比利时	0.620531	0.603361	0.579995	0.552074	0.540653	0.555559	0.566074	0.574754	0.568735	0.570609	0.512188	0.567684751
保加利亚	0.248118	0.259625	0.244509	0.226528	0.21229	0.227036	0.234756	0.216831	0.222816	0.200897	0.167078	0.223680242
玻利维亚	0.003302	0.040972	0.011377	0.023491	0.040749	0.03998	0.001769	0.003198	0.009225	2.85E-06	0.048225	0.02020815
巴西	0.162604	0.150631	0.142133	0.124464	0.143497	0.170508	0.200094	0.190681	0.181706	0.156654	0.11543	0.158036546
加拿大	0.707837	0.686477	0.681185	0.636737	0.656449	0.656778	0.65432	0.651655	0.650766	0.639851	0.620591	0.658422279
瑞士	0.76628	0.730134	0.713058	0.686474	0.693138	0.675592	0.683491	0.678249	0.695153	0.677304	0.673206	0.697461798
哥伦比亚	0.019099	0.009004	0.041339	0.039544	0.033266	0.020133	0.061093	0.09361	0.078996	0.07679	0.052996	0.047806418
德国	0.648569	0.663876	0.653	0.614085	0.609088	0.596387	0.600976	0.599374	0.603215	0.599779	0.600039	0.617126188
丹麦	0.804189	0.771755	0.763842	0.73413	0.7368	0.720682	0.716433	0.723468	0.697731	0.693454	0.641629	0.727646746
埃及	0.010486	0.021111	0.021888	0.003842	0.002243	0.018996	0.004395	0.062656	0.057886	0.10509	0.148707	0.041572858
厄立特里亚	0.171752	0.199239	0.235766	0.26587	0.2632	0.272682	0.267766	0.272215	0.272402	0.287164	0.315782	0.256712548
西班牙	0.530439	0.535114	0.447069	0.420031	0.429141	0.41307	0.430432	0.441042	0.429603	0.408975	0.364542	0.440859709
芬兰	0.828248	0.800761	0.764234	0.703398	0.720545	0.727318	0.732234	0.727785	0.727598	0.712836	0.677706	0.738423802
法国	0.594544	0.592088	0.57358	0.534168	0.549026	0.526996	0.550324	0.529863	0.522409	0.510737	0.466548	0.540934816

续表

国家(地区)	2004年	2005年	2006年	2007年	2008年	2009年	2010年	2011年	2012年	2013年	2014年	制度距离均值
加蓬	0.005775	0.032187	0.025144	0.032354	0.043768	0.037945	0.000398	0.001121	0.021604	0.01804	0.03316	0.022863341
英国	0.671519	0.637863	0.656731	0.60551	0.600897	0.559076	0.589715	0.574964	0.581805	0.581551	0.564987	0.602237961
加纳	0.128936	0.158341	0.195414	0.180655	0.164115	0.1811	0.197004	0.198558	0.189629	0.183689	0.121827	0.172660783
中国香港	0.669752	0.657527	0.641739	0.602527	0.608574	0.580824	0.595604	0.584982	0.599943	0.58191	0.576676	0.609096144
匈牙利	0.482508	0.479386	0.472819	0.419862	0.409231	0.375724	0.384562	0.385897	0.363212	0.35779	0.288149	0.401740034
印度尼西亚	0.09709	0.05315	0.016965	0.001921	0.004378	0.01434	0.023476	0.031991	0.053455	0.061249	0.067706	0.038701755
印度	0.07683	0.117379	0.12372	0.100636	0.087966	0.077103	0.085437	0.07394	0.06381	0.06377	0.042615	0.083018623
以色列	0.354272	0.345137	0.371763	0.3373	0.34705	0.312592	0.347638	0.365592	0.360834	0.352923	0.32953	0.347693784
意大利	0.405353	0.394028	0.371718	0.332308	0.335663	0.321378	0.328517	0.317037	0.315102	0.314108	0.267652	0.336624065
日本	0.563752	0.562315	0.56872	0.512581	0.518009	0.519764	0.53603	0.5394	0.540267	0.552005	0.542695	0.541412595
吉尔吉斯斯坦	0.105732	0.145427	0.13977	0.123297	0.118886	0.122573	0.095978	0.086707	0.067793	0.070159	0.099266	0.106871507
柬埔寨	0.104058	0.107439	0.099251	0.084889	0.107199	0.106138	0.093272	0.083549	0.047017	0.057445	0.078895	0.088104654
韩国	0.400887	0.429322	0.384501	0.406892	0.365519	0.385919	0.401163	0.411866	0.395006	0.3911	0.36063	0.393891286
葡萄牙	0.564716	0.56318	0.490952	0.457166	0.483431	0.466406	0.45008	0.441419	0.446559	0.448815	0.411914	0.474967345
俄罗斯	0.056047	0.048974	0.055106	0.057612	0.069214	0.068685	0.053731	0.057101	0.050423	0.046158	0.065485	0.057139692
新加坡	0.672028	0.66504	0.624919	0.605048	0.632794	0.602812	0.613085	0.611	0.637633	0.620463	0.602103	0.626083989
瑞典	0.779475	0.726257	0.701462	0.685917	0.693629	0.694906	0.701956	0.715046	0.714727	0.700168	0.645398	0.705358356

续表

国家（地区）	2004年	2005年	2006年	2007年	2008年	2009年	2010年	2011年	2012年	2013年	2014年	制度距离均值
泰国	0.173726	0.177026	0.097358	0.078541	0.06197	0.066925	0.068635	0.086427	0.092166	0.079434	0.0458	0.093455228
特立尼达和多巴哥	0.251139	0.241769	0.209912	0.197188	0.189379	0.198363	0.202568	0.210746	0.207193	0.194486	0.158236	0.205543423
土耳其	0.1291	0.178146	0.16696	0.151515	0.144902	0.141572	0.156832	0.155912	0.152565	0.142974	0.096269	0.146977242
中国台湾	0.491124	0.47434	0.418828	0.390303	0.410492	0.419217	0.458093	0.466564	0.460592	0.453517	0.448255	0.146977242
乌克兰	0.030995	0.011153	0.041396	0.036285	0.016214	0.019841	0.006485	0.010384	0.001105	0.047076	0.107432	0.444665806
美国	0.604147	0.589957	0.582929	0.540294	0.565135	0.527778	0.545172	0.546975	0.546621	0.526337	0.493002	0.6068346
越南	0.021418	0.026663	0.010443	0.000448	0.018849	0.008416	0.007912	0.000547	0.004779	0.006391	0.01086	0.551667752
瓦努阿图	0.138936	0.301563	0.281341	0.232531	0.224506	0.224067	0.231508	0.222254	0.230456	0.236911	0.185368	0.010611455
南非	0.310172	0.315398	0.313096	0.2641	0.249829	0.235813	0.245176	0.245417	0.228888	0.232249	0.19399	0.228130905
赞比亚	0.014907	0.008074	0.036134	0.043167	0.055243	0.043082	0.053848	0.074484	0.103475	0.091074	0.049338	0.257647982

注：本书作者计算汇总。

露所有权状况和财务信息而使投资者获得保护的程度。该指数数值越大，表明企业信息披露程度越高，合约的实现效率也较高。这就促进了依赖于合约实施的并购活动及其并购效率的提高，而较高的效率、较为透明的信息则降低了并购方的并购成本，从而增加了合作持股的意愿。企业的监管环境用于评估企业赖以生存的商业、监管和政策环境是否有助于或阻碍外国企业的投资、就业创造以及其提高生产效率的程度。该指标分值范围是 1~6，评分越高，表明商业环境的监管对企业越有利，商业市场的相关法律和政策越严明，越有助于保护企业的投资和创业活动。该指标同样来自世界银行的网站①。遗憾的是，该指标对本研究涉及的国家近十年来的数据缺失较大，我们不得不剔除，未进行计量处理。

5. 对地理距离的衡量。

借鉴胡兵等（2014）的研究方法，以中国首都到投资东道国首都（地区）的球面距离测量而来。我使用的是 CEPII 数据库②，该数据库提供各国和地区的首都或主要城市之间的地理距离数据，以千米为单位。据介绍，作为法国国际经济研究中心的构成部分，CEPII 提供针对世界经济及其演变的研讨、研究、数据库以及预测分析。该中心成立于1978年，是法国总理的经济政策规划智囊网络的组成部分。围绕着数据库、模型、专业知识和国际合作四个研究领域，CEPII 对涉及的每个项目都配备了专业人员并进行科学的管理，因而，我认为其数据库资料具有很高的参考价值。

4.3.3　数据处理方法小结

对数据指标的预处理结果进行几点说明，并进行详细的归纳。

第一，母国与目标国间中心城市或港口的地理距离——取对数处理。

---

① http://www.worldbank.org.cn/.

② http://www.cepii.fr/CEPII/en/bdd_modele/bdd.asp.

第二，目标国市场经济环境的 supervise（企业环境监督）指标，因数据缺失过多，未使用。

第三，制度距离指标指数参考胡兵等（2014）的做法，由六个因素通过 SPSS 主成分分析得出一个分值。该提取过程分年度进行，共提取了十次。同时，还尝试增设 ins^2 为平方项，以验证倒"U"型关系——但结果并不理想。

第四，语言设定我们借鉴道等（Dow and Karunaratna, 2006）的研究设计，但是他们将语言差异分成了 L1、L2、L3 三大类，每一种类别又分别设置了不同的等级，比较复杂。因此，本书为便于计量，将语言差异简化地分为三层序列——0：中国港澳台；1：日韩及东南亚地区；2：其他。我们的方法是对其加以按地区的归类处理。

第五，并购目标是否属于高新技术行业，本书用 0～1 度量进行判断。

第六，对目标公司企业的价值评估值——将实际值所使用的多个货币单位换算成人民币，再取对数处理。

第七，并购动机代表了获取资源 energy 和获得市场 consume，分别取对数。代表获取技术的研发支出 rd 和获取战略资产的受教育比例 edu 因数据量太少，最终回归未使用。

第八，本书还尝试增设 energy2 和 consume2 为 0～1 变量进入模型回归，但回归结果不显著，这里未列示。

表4-6 表明了本书研究变量指标的测量方法与资料来源。

表4-6　　实证研究的主要变量及其他变量的测量方法与资料来源

变量	指标	代码	变量取值说明	指标来源与测量方法
被解释变量	中国海外并购股权比例选择2004~2014	stock	0：参股 <49% 1：49% <控股 <85% 2：全资：85% 以上 ~100%	全球并购信息网 Zephyr、中国海外并购交易网、清科研究中心、china. venture. com. cn 等

续表

变量	指标	代码	变量取值说明	指标来源与测量方法
解释变量 心理距离 各个维度	空间距离 – GD	dist	母国与目标国间中心城市或港口的地理距离	世界港口距离网或 CEPII 数据库
	文化距离 – CD	culture	母国与目标国文化的相似性程度	利用 Hofstede 文化维度测算文化距离指数
	商业距离 – ED	supervise info	目标国商业实践环境 supervise 目标国企业信息披露程度 info	企业监管环境评级 data.worldbank.org.cn
	制度距离 – ID	ins	衡量一国政府的治理水平和制度效率	Worldwide Governance Indicators
	语言差距 – LD	lang	母国与目标国语言相似性程度 0：中国港澳台 1：远东地区（日韩及东南亚） 2：其他	借鉴 Dow and Karunaratna 的语言距离的计算方法并简化之
解释变量 经济差异	目标国开放度	fdi	外国直接投资净流入量占 GDP 比例	世界银行发表的相关数据
	目标国市场潜力	gdp	各国 GDP 增长率	同上
解释变量 企业差异	行业差异	tech	是否高新技术行业	据 SIC – 2-digit 关于高新技术行业的界定来识别
	企业规模	value	目标公司资产评估值	china.venture.com.cn、汇率数据来自外汇管理局、凤凰网等
	并购动机	energy rd edu consume	自然资源寻求型、技术知识寻求型、战略资产寻求型和市场寻求型	以世界银行发表的各国能源产量、研发支出、受高等教育人员比例、消费支出占比等指标值来判定

4.4　模型的构建

考虑到因变量是有序多分类的情况，在对因变量判别分段后，本书使用

有序 logistic 回归模型（McCullagh，1980）。有序 logistic 回归（Ordinal Regression Model）又称累积 logistic 回归，主要是用来预测离散因变量与一组解释变量之间的关系走向。最常用的是二值型 logistic——因变量的取值只包含两个类别，常用 Y = 1 或 Y = 0 表示，X 表示解释变量，则 P(Y = 1 | X) 表示在 X 的条件下 Y = 1 的概率。logistic 回归的数学基本表达式为：$\log(p/1 - p) = A + BX$。其中 $p/1 - p$ 被称为优势比，即发生与不发生的概率之比。

依据分类因变量的得到方式，有序 logistic 回归又包含三种具体的使用方法（Lall，2002），分别是优势比模型（Proportional Odds Model）、优势偏比模型（Partial Proportional Odds Model）和铅版模型（Stereotype Model）。前两类模型主要用于分类因变量是依据连续变量分段获得的情况（如持股比例的三分段）；铅版模型主要用于分类因变量自身就是有序分类变量的情况。优势比模型与优势偏比模型间的区别在于前者假定自变量对因变量的影响不会因分段的界点（即将连续的变量转换为分类变量而预设定的分界点）不同而发生变化。根据以上说明，本书使用的是优势比模型，因变量为特定的并购股权比例三分类（0、1、2）的实际值取各自对比的对数，以观察自变量对在不同股权比例分类情况下的具体影响作用。我们也做了将因变量还原为连续型变量的线性分位数回归，以进一步深入地考察比较不同回归模型下的解释变量对被解释变量的影响效应。具体分类的公式如下：

$$P(Y = y1) = \frac{\exp(\alpha1 - (B_1X_1 + B_2X_2 + \cdots + BpXp))}{1 + \exp(\alpha1 - (B_1X_1 + B_2X_2 + \cdots + BpXp))}$$

$$P(Y = y2) = \frac{\exp(\alpha2 - (B_1X_1 + B_2X_2 + \cdots + BpXp))}{1 + \exp(\alpha2 - (B_1X_1 + B_2X_2 + \cdots + BpXp))} - P(Y = y1)$$

$$P(Y = y3) = 1 - P(Y = y1) - P(Y = y2)$$

因变量影响的基本公式是：

$$L = \text{logit } P = \ln[P(Y \leq yj)/1 - P(Y \leq yj)]$$

$$= aj - (\beta_1X_1 + \beta_2X_2 + \cdots + \beta pXp)$$

其中，$j \in (0, 1, 2)$；$P(Y \leq yj)$ 为第1种到第 j 种股权模式可能性之

和；Xp 为自变量向量，βp 为自变量系数向量，正表示自变量对因变量的影响增加，负表示影响减少；αj 为常数项，代表三个公式里的三个不同但形态一致的拟合曲线位置的平移程度。为避免计量过程的反复，我们采取将因变量设定为 stock 和 stock3，其中 stock3 是连续变量收购的股权比例，stock 是三分类的变量，代表控股程度依次递增（取值为 0，1，2），因此将上式展开，可分别建立三个回归方程，包含两个常数项。

值得注意的是，logistic 回归中的常数项（cons）表示，在不受任何潜在因素的约束或保护影响下，效应指标发生与不发生事件的概率之比的对数值。logistic 回归中的回归系数（βi）表示，在其他所有自变量固定不变时，某一因素改变一个单位时，因变量指标事件发生与不发生的概率之比取对数变化值，即 OR 或 RR 的对数值。需要指出的是，回归系数 β 的大小并不反映变量对股权选择程度高低的重要性与程度的大小，只是说明该种因素对股权选择程度的高低有影响。同时，为了更好地分析不同股权水平下各距离变量的影响大小，采用分位值回归方法能进行更为细致的研究。

第5章

实 证 分 析

5.1 变量的描述性统计

表5-1是对变量的描述性统计：

表 5-1 连续变量的描述性统计

variable	N	mean	sd	min	p50	max
Stock3	336	0.676	0.302	0.100	0.700	1
dist	336	8100	3600	955.7	8200	19000
culture	336	2.851	1.302	0.327	3.141	5.166
supervise	20	3.275	0.658	2	3.500	4.500
info	330	7.250	1.975	0	7.400	10
ins	335	0.500	0.189	0	0.569	0.715
fdi	331	5.788	9.639	-6.180	2.261	50.02
gdp	331	2.153	2.476	-5.527	2.221	15.01

其中的连续因变量——收购股比变化范围在10%及以上，直到最大的100%；企业监管评级指数最小为0，最大10，评分间差距较大；文化距离指数最小为0.327，最大超过5；制度距离指数最小为0，最大0.715，均存在较大差异；同样的情况也见对外开放度指数（-6.18~50.02）。因代表技术寻求的研发占比和代表战略资产寻求的教育投入占比指标可获得数据的

样本过少，因而无法对其进行进一步的统计分析。

表 5-2 是对三分类变量的分布统计：

表 5-2 离散变量描述性统计——样本的股权分布统计

stock	Freq.	Percent	Cum.
0	93	27. 68	27. 68
1	108	32. 14	59. 82
2	135	40. 18	100
Total	336	100	

在本书统计的我国海外并购的 336 个样本中，少数持股的 93 件，占全部样本的不到三成比例，为 27.68%；多数持股收购的超过三成多，比例为 32.14%；还有 40.18% 的收购是完全或接近全资收购（并购股份大于80%）。

表 5-3 是按语言分类的统计描述：

表 5-3 语言的分类统计

lang	Freq.	Percent	Cum.
1	34	10. 12	10. 12
2	37	11. 01	21. 13
3	265	78. 87	100
Total	336	100	

在语言分类统计中，以中国港澳台为目的地的收购样本仅占 10% 多点，接近日韩和其他东南亚国家的样本 11.01% 的比例；二者的样本量加起来仅占全部收集样本的五分之一多点，比例是 21.13%。而其他几个大洲（包括了欧洲，北美、南美、非洲和大洋洲的国家和地区）的样本量占到近八成。

表 5-4 是对被并购的高新技术公司样本的描述：

在被并购目标企业是否属于高新技术企业的统计中（见表 5-4），我国企业的海外收购大多还是传统行业，有 256 个样本，80 个并购样本归属于高技术企业。并购方涉及的主要是精密机械、仪器制造、核能、风能、互联网、IT、电信及增值业务、电子及光电设备、半导体、生物技术/医疗、清洁技术等非金融类高技术行业的目标企业。

表5-4 高技术目标企业样本统计

tech	Freq.	Percent	Cum.
0	256	76.19	76.19
1	80	23.81	100
Total	336	100	

表5-5是对被并购的能源公司样本的描述：

表5-5 能源目标企业样本统计①

energy	Freq.	Percent	Cum.
0	151	46.89	46.89
1	171	53.11	100
Total	322	100	

322个可得能源数据的样本显示（见表5-5），我国企业海外并购一半以上选择了能源富集的目标国家或目标公司，并购案件达到样本量的53.11%，显示出2014年及之前，我国的海外直接投资仍对传统及现代能源企业较为偏爱。

5.2 相关性分析

表5-6中显示，在0.05的置信水平下，股权选择的比例程度不同类别stock与企业估值lnvalue呈显著负向关系；地理距离lndist与文化距离指数

---

① 注：energy变量2014年插补方法如下：往年为1且为较明显的能源大国取1，往年为0则取0，其他的取缺失值。

表 5 - 6

相关分析

	stock	Stock3	lndist	culture	info	ins	lang	tech	lnvalue	energy	lnconsume2	fdi	gdp
stock	1												
Stock3	0.9570*	1											
lndist	0.0300	0.00970	1										
culture	0.0431	0.0153	0.6831*	1									
info	0.0609	0.0691	-0.2755*	-0.0969	1								
ins	0.1135*	0.0995	-0.00980	0.2498*	0.2064*	1							
lang	0.0290	0.0158	0.8859*	0.6833*	-0.3494*	-0.0531	1						
tech	0.0429	0.0460	0.0136	-0.00540	0.0453	0.0605	0.0216	1					
lnvalue	-0.2252*	-0.2406*	0.2241*	0.1743*	-0.0393	0.0573	0.1634*	-0.1533*	1				
energy	0.0314	0.0281	0.5470*	0.5061*	-0.0766	0.2350*	0.5104*	0.0955	0.0474	1			
lnconsume2	-0.0405	-0.0676	0.2567*	0.4195*	-0.100	-0.0716	0.2568*	0.0109	0.00990	0.3013*	1		
fdi	-0.0161	-0.00800	-0.6162*	-0.6073*	0.2980*	0.1375*	-0.8254*	0.00980	-0.0146	-0.3915*	-0.3893*	1	
gdp	0.0719	0.0853	-0.0554	-0.2002*	0.0993	-0.3554*	-0.1199*	-0.0996	-0.0325	-0.1182*	-0.2353*	0.1822*	1

注: * 表示 $p < 0.05$。

culture、语言距离 lang、目标企业估值 lnvalue、获得资源 lnenergy、获得市场 lnconsume 动机有显著正向关系；与信息披露程度 info、对外直接投资占比 fdi 有显著负向关系。而企业信息披露程度 info 与制度距离 ins、国家 gdp 增长水平和代表一国开放程度的对外直接投资占比 fdi 正相关，说明一国的商业、制度环境越是比母国优越、一个国家的开放程度越高，就越能吸引中国的跨国投资和跨境并购活动；同时，语言距离 lang 与商业监管、企业信息披露程度关系为负，与资源寻求和市场寻求型收购的关系为正，说明语言的影响也不容忽视。

为降低变量之间的共线性问题，本书进行相关性检验。结果显示，除了因变量自身以外，各变量的相关系数基本在 0.8 的临界值范围，且完全相关的程度 1 都没有在 95% 置信区间，表明不存在多重共线性。我们将利用有序 logistic 模型分别对 stock 和 stock3 进行回归，以防止变量间可能有的共线性问题。

5.3 回归分析

本书分别做了几个类别的回归尝试，首先是普通 logistic，其次是有序 logistic，最后是线性分位值回归法 reg。而因变量 stock 也相应地分成两类，分别记作 stock 和 stock3。这是因为，前一、二类两个回归分析都是针对多分类因变量的，所以写成 stock（stock = 0，= 1，= 2），按照研究设计选择的样本及公式，将 stock 三种类别直接带入模型即可。而第三类是线性分位值回归 reg，这需要用到连续变量的收购股权比例数据，所以写为 stock3，设了后缀 3 和前面的多分类变量加以区分。应注意的是，由于 STATA 软件是可以自动剔除多重共线性变量和缺失值的，所以回归结果显示出统计的全部样本只使用了 316 个。因其他的回归尝试结果不理想，这里未列。

在 logit 模型回归检验中，为了更好地检验假设，我们尝试进行了多种变量设定以及回归组合，尝试后发现，将样本进行三个排列组合的回归结果是最为显著的，且拟合优度 pseudo R^2 值也越来越高。具体是（1）全体样本，自动删除缺失值后余下 316 例；（2）为 2004~2011 年的样本，产生的结果与总体样本呈现的较为近似，但是更能说明问题；（3）为 2012~2014 年样本，其回归结果较之前呈现出一些新的特点。下面分别进行验证。

5.3.1　普通 logit 方法回归分析

表 5-7 反映了采用普通回归模型的结果。这类似于线性回归，但其因变量为分类变量。考虑到仅 2014 年一年的样本数量就达到 132 家之多，几乎占到了全部样本的 42%，为避免回归结果产生偏颇，采用普通 Logit 回归时，先不考虑 2014 年样本，以便于同后面的有序回归结果进行对比分析。

表 5-7　　　　　　　　　　　普通 logit 回归模型

变量	(1) stock	(2) stock	(3) stock
	全体样本	2011 年之前	2012 年之后
lndist	1.067	0.728	-6.588
	(0.786)	(0.898)	(6.619)
culture	-0.0772	-0.197	0.417
	(0.253)	(0.308)	(0.861)
info	-0.0576	-0.00189	-1.055 *
	(0.121)	(0.144)	(0.599)
ins	3.095 **	3.200 *	10.90
	(1.518)	(1.793)	(8.500)
lang	-2.048	-1.786	10.91
	(1.295)	(1.463)	(11.46)
tech	-0.540	-0.804	-1.218
	(0.508)	(0.593)	(1.585)

续表

变量	(1) stock	(2) stock	(3) stock
	全体样本	2011 年之前	2012 年之后
lnvalue	− 0. 264 ***	− 0. 266 **	− 0. 413
	(0. 0901)	(0. 107)	(0. 275)
lnenergy	0. 0487	0. 00169	− 0. 184
	(0. 134)	(0. 161)	(0. 561)
lnconsume	0. 961	0. 177	52. 48 **
	(2. 029)	(2. 312)	(24. 80)
fdi	− 0. 0488	− 0. 0875	− 0. 0198
	(0. 0664)	(0. 0763)	(0. 267)
gdp	0. 146 *	0. 126	1. 075 *
	(0. 0784)	(0. 0908)	(0. 641)
_cons	− 2. 725	3. 913	− 189. 9 **
	(9. 311)	(11. 02)	(89. 93)
N	184	142	42
pseudo R^2	0. 113	0. 116	0. 383

注：括号内为标准误。* 表示 $p < 0.1$，** 表示 $p < 0.05$，*** 表示 $p < 0.01$。

回归结果发现，地理、文化、语言和技术四类距离指标的影响均不显著；而信息披露度在 2012 年以后的跨国收购中开始显示对股权比概率在 10% 的显著水平上产生了负面影响。这说明，2012 年后信息的搜寻与获取成本越来越影响到跨境收购的股权决策。制度距离对全部样本和 2011 年前期的收购股权概率有较显著的正向影响，证明了制度距离对跨境并购产生了积极的正面效应，即前期的有关制度套利的研究结论依然正确；同时，对目标企业的估值在全部样本和 2011 年前的收购样本中分以 10% 和 5% 的显著水平上负面影响着股份程度概率的比例。特别的是，2012 年后，收购持股比开始与获得市场的动机呈现出较为显著的正相关关系；同时，GDP 增长率指标对全体样本及 2012 年度以后样本的股权比例在10%水平上有正向影响作用。这一结果说明了东道国经济增长速度的快慢也是吸引外来直接投资并能加大并购持股比倾向的一个不可忽视的重要影响因素。尽管如此，观察心理距离指标的综合作用，cons 的结果显示出，2012 年及以后，心理距离对并购股比选择的影响在 5% 的水平上显著为负。

5.3.2 有序 logistic 方法回归分析

由于在前面的回归结果中，部分自变量的影响效应不是很明显，但 2012 年后的并购样本确实反映出来与之前年份不同的一些特征。因而，样本仍采用按年份区分的三个阶段，继续进行了有序 logistic 回归分析（回归结果见表 5 - 8）。全部因变量剔除了数据缺失值为 316例，依然为有序三元变量，取值 0 - 1 - 2，表明控股程度的依序递增。利用 STATA 软件输出的结果显示，对比之前的回归模型，有序回归模型的拟合性更优越，其回归结果能较好地解释本书的主要理论假设和依据。

表 5 - 8 　　　　　　　　　　有序 logistic 回归模型

变量	(1)	(2)	(3)
	stock	stock	stock
lndist	1. 260 *	1. 181 *	- 0. 122
	(0. 636)	(0. 725)	(0. 623)
culture	0. 0790	- 0. 105	- 0. 151
	(0. 145)	(0. 230)	(0. 222)
info	0. 0143	- 0. 0242	0. 00744
	(0. 0594)	(0. 128)	(0. 0751)
ins	1. 434 *	3. 824 ***	1. 389 *
	(0. 767)	(1. 430)	(0. 702)

续表

变量	(1)	(2)	(3)
	stock	stock	stock
lang	−0.0270	−2.092*	−1.598**
	(0.579)	(1.091)	(0.783)
tech	0.0227	0.129	0.304
	(0.264)	(0.491)	(0.343)
lnvalue	−0.209***	−0.247***	−0.240***
	(0.0490)	(0.0819)	(0.0682)
energy	−0.155	−0.402	−0.489
	(0.266)	(0.512)	(0.348)
lnconsume2	−0.0534	−1.204	3.041*
	(1.040)	(1.793)	(1.668)
fdi	−0.00378	−0.0842*	0.0444
	(0.0253)	(0.0470)	(0.0323)
gdp	0.0949*	0.116*	0.209*
	(0.0504)	(0.0662)	(0.112)
cut1			
_cons	−2.536	−4.306	11.74
	(5.105)	(8.701)	(7.846)
cut2			
_cons	−1.109	−2.869	13.40*
	(5.104)	(8.701)	(7.862)
N	316	142	174
pseudo R^2	0.040	0.088	0.072

注：括号内为标准误。* 表示 $p<0.1$，** 表示 $p<0.05$，*** 表示 $p<0.01$。

地理距离产生了一定的影响，但回归结果是对 2011 年及以前的并购股比概率产生了正向影响，而 2012 年后的影响方向为负，随时间呈现出倒

"U"型变化,但不再显著。这与本书的研究假设相反。回归结果说明,随着地理距离的增大,与并购目标公司需要协调与控制的成本逐步超过分享股权的收益,因而,地理距离反倒激发了并购方加大持股比例的控股倾向。但2012年后,随着持股比例增加到一定程度,地理距离则不再成为控股并购的激发因素,其负向影响开始显现;文化距离对总体样本的影响仍较为微弱,但是在2011年之前及2012年后呈负向影响,与研究假设相同;制度距离对收购的股权比例概率有较明显的正向影响,尤其在2011年以前,其正向影响最为显著,与之前的回归结果一致;一国GDP增长率的比较在三个阶段模型中均在10%置信区间发挥了正向影响作用,也与之前的输出结果一致;语言差异对全部样本的影响为负,但不显著。不过,其影响到2011年样本时在10%区间水平上为负向(与之前的理论假设相同),而对2012年及以后样本则以5%的显著水平发挥了负向作用。FDI占比指标对2011年及之前的样本在10%水平上产生了负向影响,与此前的回归结果方向一致;对目标企业估值的大小这一变量对收购股权程度的概率在第一、第二和第三阶段均产生了显著的负向影响,也与之前的回归分析一致。综合来看,心理距离指标对因变量的综合影响对全部样本是负向的,与此前模型结果一致;但在2012年之后,特别是加入了2014年的并购样本之后,心理距离指标对因变量的综合影响较之前的回归结果在方向上发生了改变,由负变为正,且在10%的水平上发挥了正向影响效应。

5.3.3 分位数回归方法分析

为了进一步认清不同股权比例下的心理距离各指标的影响,本书再尝试使用分位数回归模型进行深入的分析。将并购样本的实际股权比例数值分为7档,分别观察收购的股权比例范围从20%~80%的回归变化结果。本书将持股大于80%及以上视为全资控股了,因而没有对持股90%以上样本进行分类。表5-9反映了输出的结果。

表 5 - 9   分位数回归模型（stock3 为连续因变量的实际股比值）

变量	(1) q(0.2) Stock3	(2) q(0.3) Stock3	(3) q(0.4) Stock3	(4) q(0.5) Stock3	(5) q(0.6) Stock3	(6) q(0.7) Stock3	(7) q(0.8) Stock3
lndist	0.0748	0.0504	-0.0284	-0.0403	-0.0278	0.0433	0.00625 *
	(0.0683)	(0.114)	(0.123)	(0.125)	(0.109)	(0.0322)	(0.00375)
culture	0.0138	-0.0225	0.00382	-0.00112	0.0258	0.0112	0.00149
	(0.0299)	(0.0381)	(0.0421)	(0.0411)	(0.0359)	(0.00998)	(0.00103)
info	0.0213 **	0.0204	0.0176	0.0155	0.00983	-0.00151	0.000158
	(0.0108)	(0.0148)	(0.0169)	(0.0171)	(0.0155)	(0.00451)	(0.000547)
ins	0.0348	0.182	0.294	0.390 *	0.459 **	0.315 ***	0.0887 ***
	(0.164)	(0.210)	(0.229)	(0.221)	(0.194)	(0.0525)	(0.00563)
lang	0.0120	-0.0232	-0.0218	0.0773	0.0611	-0.0628	-0.0150 ***
	(0.0976)	(0.134)	(0.157)	(0.164)	(0.151)	(0.0468)	(0.00570)
tech	-0.0999 *	-0.147 **	0.0468	0.0871	0.0816	0.0260	0.00296
	(0.0535)	(0.0661)	(0.0740)	(0.0728)	(0.0637)	(0.0174)	(0.00199)
lnvalue	-0.0390 ***	-0.0461 ***	-0.0462 ***	-0.0483 ***	-0.0450 ***	-0.0132 ***	-0.00189 ***
	(0.00945)	(0.0125)	(0.0136)	(0.0132)	(0.0115)	(0.00325)	(0.000366)
energy	-0.0423	-0.0383	-0.0308	-0.0123	0.0225	0.0154	0.00840 ***
	(0.0521)	(0.0714)	(0.0772)	(0.0775)	(0.0674)	(0.0182)	(0.00185)
lnconsume2	-0.364 *	-0.106	0.165	0.0925	0.00958	-0.0626	-0.00875
	(0.191)	(0.259)	(0.297)	(0.290)	(0.257)	(0.0701)	(0.00707)
fdi	-0.000396	-0.00496	-0.00461	0.000160	0.000225	-0.00191	-0.000473 *
	(0.00442)	(0.00590)	(0.00665)	(0.00670)	(0.00642)	(0.00201)	(0.000261)
gdp	0.00803	0.0137	0.0322 **	0.0293 **	0.0274 **	0.00827 **	0.000730 *
	(0.00809)	(0.0126)	(0.0145)	(0.0143)	(0.0128)	(0.00364)	(0.000435)

变量	(1) q(0.2) Stock3	(2) q(0.3) Stock3	(3) q(0.4) Stock3	(4) q(0.5) Stock3	(5) q(0.6) Stock3	(6) q(0.7) Stock3	(7) q(0.8) Stock3
_cons	1.863**	1.351	0.806	1.039	1.280	1.062***	0.996***
	(0.886)	(1.354)	(1.497)	(1.450)	(1.271)	(0.341)	(0.0353)
N	316	316	316	316	316	316	316
pseudo R^2	0.0942	0.0738	0.0747	0.0857	0.0894	0.0298	0.0008

注：括号内为标准误。* 表示 $p < 0.1$，** 表示 $p < 0.05$，*** 表示 $p < 0.01$。

除了文化距离指标的影响程度不显著外，其他的解释变量都在不同程度、不同方向地对不同比例下的因变量即收购股权程度产生了一定的影响。特别是在收购股比达到 80% 高比例以上后，除了文化、技术、市场动机指标外，几乎所有的自变量指标都产生了显著性影响。具体的回归结果是：地理距离在 0.1 置信水平上正向影响了收购股比占 80% 以上的高标的样本，也就是说，地理距离越大，控股或全资收购的意愿越强；信息披露程度指标对 20% 以下的低标的参股式收购样本的影响最大，且发挥正面效应；与之前的回归一致，同样发挥了正面效应的制度距离指标，其回归结果显示，对于 50% 以上直至 80% 的高标的股权比例的收购样本，制度距离的正向作用随着持股比例的增加越来越大；语言距离仅对于 80% 控股比例收购的样本发挥了显著的负面影响，在其他股比范围的影响较为微弱；高技术指标对参与式收购的低股比样本（持股比例 30% 以下）的负向影响较为显著；目标企业估值指标对所有股权比例的样本均为显著的负向影响，与之前结果一致；对能源企业的收购，股比达到 80% 的高标的样本才显现出了能源寻求动机的作用；而市场寻求的动机则在低标的样本（股比 20% 以下）产生负向影响，说明该动机受到了其他影响收购股权因素的限制；随着代表经济发展与市场潜力的 GDP 增长率差异的增大，对高标的样本的正面作用越发显著，即控股与全资收购的倾向也将增大；反映了对外开放度的对

外投资占比指标 FDI 占比在高标的收购股比的样本中在 10% 水平上产生
一定的负向作用，与此前的回归结果方向一致。值得注意的是，在各阶段
股比的样本中，心理距离各指标对因变量的影响作用表现最为明显的有三
个区间段的样本：20%、70% 和 80%。综合地看，与这三个区间的样本
收购股比都呈现出显著性且方向为正的影响效应。这个结果与有序 logistic
回归分析的结果一致。

此外，因之前学者提出的研究假设，对文化距离、制度距离与被解释
变量的关系假设为负向和正向的曲线关系，一些实证研究也验证了这个假
设，但是不代表对于中国的海外并购样本也发挥相同的效果。因此，本书
对解释变量做了二次方差估计，遗憾的是，回归结果并不显著，即没有发
现变量间具有明显的曲线关系，仅仅发现方向上改变与时间距离的变化有
关。接着又进行了变量间交叉影响的回归尝试，即将文化距离、制度距
离、信息披露度变量指标各自两两相乘，考虑其交互影响作用，企图发现
在其他变量一定的前提下，文化距离、制度距离和商业实践距离的交互影
响及其表现，而遗憾的是，这次的回归结果仍不是很理想。如表 5-10 所
示，语言差异发挥了负向影响作用；目标企业估值和一国 GDP 增长率这
两个变量无论其他条件改变与否，均呈现出显著的影响，且方向与之前的
回归一致。分析综合指标的影响，2012 年之后的样本也与之前的回归结
果方向一致，为正向且显著。

表 5-10　　　　　　　加入文化、制度距离二次方回归结果

变量	(1) stock	(2) stock	(3) stock
lndist	1.077	1.042	-0.783
	(0.677)	(0.717)	(6.054)
culture	0.848	0.893	-4.332
	(0.938)	(1.026)	(5.328)

续表

变量	(1) stock	(2) stock	(3) stock
info	− 0.0545	− 0.0598	− 0.739 *
	(0.104)	(0.123)	(0.424)
ins	3.654	4.211	17.14
	(4.721)	(5.284)	(74.27)
lang	− 2.042 **	− 2.150 **	4.101
	(1.004)	(1.073)	(9.245)
tech	0.175	0.0765	0.722
	(0.411)	(0.489)	(0.850)
lnvalue	− 0.220 ***	− 0.231 ***	− 0.228
	(0.0714)	(0.0837)	(0.160)
lnenergy	0.0434	0.0732	− 0.981 *
	(0.104)	(0.123)	(0.510)
lnconsume	− 1.134	− 1.960	32.82 **
	(1.845)	(2.004)	(15.66)
fdi	− 0.0459	− 0.0511	0.0744
	(0.0509)	(0.0550)	(0.213)
gdp	0.144 **	0.137 *	0.985
	(0.0653)	(0.0715)	(0.625)
cul^2	− 0.160	− 0.162	0.587
	(0.145)	(0.159)	(0.810)
ins^2	− 0.290	− 1.073	− 2.839
	(5.977)	(6.933)	(69.09)
cut1			
_cons	− 3.921	− 8.100	128.1 **
	(8.079)	(8.927)	(50.62)

续表

变量	(1)	(2)	(3)
	stock	stock	stock
cut2			
_cons	-2.583	-6.656	129.5**
	(8.080)	(8.921)	(50.71)
N	184	142	42
pseudo R^2	0.085	0.091	0.224

注：括号内为标准误。* 表示 $p < 0.1$，** 表示 $p < 0.05$，*** 表示 $p < 0.01$。

虽然上述尝试不尽如如意，但还是为今后的进一步研究提供了空间。以上的验证结果仅表明，在企业信息披露程度一定的前提下，即商业实践的环境难以改变时，文化距离增加，会导致企业收购的股份比例概率减少。至于收购的控股程度高低与文化距离解释变量的"U"型关系以及其与制度距离的倒"U"型曲线关系尚有待今后研究的进一步验证。

5.4　回归分析总结

本书主要使用有序 logistic 回归模型和分位数线性回归模型进行实证分析，从检验结果来看，同时考虑了几个回归分析的结果，如表 5 - 10 所示加入了文化距离、制度距离二次方的回归结果，其主要解释变量的检验情况仍有一致结论，尽管有些不是很显著。

综合以上各验证结果，得到如下结论：

1. 随着母国与东道国地理距离的增大，海外并购股权比例的选择越小。

lndist 结论：全体样本、2011 年前样本和高股权标的样本的回归结果与假设显著相反；2012 年之后的结果与假设相同，但不显著。说明地理距离越大，并购方加大持股比例的控股倾向反而越强，成为激发因素。但 2012 年以后，其负向影响开始显现。验证了罗思和凯森（Lors and Kanson，2010）的观点，部分支持了麦尔欧绰和卓尔（Malhotra and Gaur，2014）的结论，但与布劳尔（Brower，2007）、白瑞（Berry，2010）等学者的研究结果相反。

分析原因，一方面可能与收集的样本特征有关，因与中国大陆地理距离较近的目标国包括中国港澳台地区和日韩及其他东南亚国家的样本比例偏小，二者的样本量仅仅占全部收集样本的五分之一多，而其他几个与中国地理距离较大的包括了欧洲、北美、南美、非洲和大洋洲的国家和地区，这些目标国的地理距离与中国较远，从而社会距离、心理距离较大，但样本量却占到全体样本近八成。另一方面，研究结果显示，可能存在一个与时间距离相关的地理距离的倒"U"型拐点，而验证结果的趋势关系则正处于拐点左侧，即在不考虑其他影响因素下，并购股比水平是随着地理距离的增加而增加的。从控制权收益的角度看，在地理距离遥远的东道国开展并购，高股权配置方式的管控收益可能要超过了远距离下的管控成本。

2. 随着母国越是以东道国高技术企业为并购标的，海外并购股权的比例选择倾向也越大。

tech 结论：有序回归结果与假设相同，但不显著。分位数回归结果在20%～30%的低股权标的范围与假设显著相反；高标的股比范围的检验则与假设相同，但也不显著。一方面可能是受样本量所限，仅占全部样本量23.8%；另一方面也说明技术寻求的动机并不比非高新技术行业的并购选择更为突出。2012年以后的检验结果部分支持了学者伏尔塔（Folta，1998）的研究结论。即新兴技术产业的购买者往往具备优先并购权，在面临着较少的竞争对手和较低的风险时，具有控股的收购倾向；而技术不相关或对技术企业并购的不确定性较大时，则先少量投资以观察该决策是否有利，之后再进行追加资源承诺与否的决策。进一步分析验证结果，本书作者认为，相对于其他行业，高新技术企业间的并购活动会面临更多的技术泄露风险，因而并购企业有更高的股权倾向，但也正因为是高新技术的行业特性，高持股并购受到限制的概率也越大。比起其他所承受的心理距离因素带来的风险而言，高新技术企业在跨国投资时更加担心技术外溢的损失，东道国企业也同样。

3. 随着母国与东道国商业实践距离的增大（即市场监管、企业投资信息披露程度的比较），海外并购的股权比例选择倾向也越大。

info 结论：检验结果与假设相同，特别是 2012 年之后样本结果显著，说明中国的商业实践越是落后于发达东道国，其加大投资承诺的可能性越大。但分位数检验结果在低股权标的 20% 范围下与假设相反。分析原因，可能是在收购的股权比例受到严格限制的条件下，商业实践距离的增加很难发挥出积极的正面效应。验证结果支持了萨利文、迪琴托（Sullivan，1994；Dicht，1990）等人的观点。在商业实践距离加大的前提下，中国海外并购的股权比例选择行为符合瑞沃和唐（Reuer and Tung，2005）等对新兴发展中国家海外并购方式的研究结论。

4. 随着母国与东道国文化距离的增加，海外并购寻求的股权比例越低，但其影响可能随着时间的推移变得不显著。

culture 结论：所有模型的检验结果表明，并购控股程度高低的可能性与文化距离呈现负向的关系，但不显著。一个原因可能是，本书的计量公式已经考虑了时间对文化距离的弱化效应：时间距离越近，则文化距离得分越小，因而变量间关系越不明确，符合预期。在蔡（Chai，1994）、考格特和辛格（Kogut and Singh，1988）等学者的研究中，前者研究文化距离的符号为（0），后者则符号为（－）。值得注意的是，虽然文化距离的影响不显著，但其影响并没有以此消失，验证结果为负，随着文化距离增大，海外并购寻求多数或控股比例的倾向降低。

lang 结论：全体样本、2011 年样本及 2012 年之后样本的验证结果表明，海外并购的股权寻求程度与语言距离呈负相关关系，时间越近越显著。股权高标的样本和加入二次方检验的结果也是如此，这与道等（Dow，2006）的研究结论相同；但全部样本的回归结果不显著。原因可能是对语言差异分类较少。

5. 随着母国与东道国制度距离的增大，海外并购股权的比例选择越高。

ins 结论：并购的股比程度与制度距离呈显著的正相关关系，且无论使用何种模型，其影响方向均保持一致，前期的研究结论部分得到支持。没有发现部分学者假设的倒"U"型曲线关系。虽然其他学者的研究结论方向尚不明确，但本书结果说明，随着制度距离的增大，海外并购寻求股权较高程度的概率也在不断增大。该结果显然支持了端木以及冉姆萨梅（Duanmu，2011；Ramasamy，2011）等学者的研究观点，即中国跨国公司对海外投资的国家制度特别是政治制度风险不是很敏感，但对经济、市场、法律等制度的治理质量却非常敏感的观点。该结论也支持了麦尔欧绰（Malbotra，2010）的研究观点，即中国海外并购的效率与东道国腐败距离正相关，存在着制度套利。

6. 随着母国并购方对技术知识、能源、市场等战略资产寻求的动机增大，海外并购股权比例的选择倾向越大。

lnenergy 结论：全体样本和 2011 年以前样本的回归结果并不显著，而 2012 年之后的回归结果表明，海外并购控股程度与获取能源的动机在 10% 水平上呈负相关关系；但在高持股比例样本中，影响方向为正。一方面说明，能源、人力资源等战略资产寻求的动机对收购的股份比例高低并不产生直接的影响。而另一方面一旦达到了控股比例，则动机较显著。2012 年之后的负相关结果说明，一国的能源等资源越丰腴，海外并购寻求的股权程度反而降低。可能的原因是东道国资源管控或是并购能源企业成本太高、控股支付规模过大的缘故。

lnconsume 结论：全体样本和到 2011 年样本的结果是负向关系、不显著；2012 年之后的结果表明，并购股权比例与获取市场的动机呈显著正相关。而研发支出和受教育比例，由于数据量过少没有检验，无法得出结论。该结果部分支持了达斯和腾（Das and Teng，2000）以及尹柯（Ink，2001）等学者的观点，这就意味着，获取市场的动机影响着控股并购倾向，但需要权衡当地公司在转移这些隐性知识的配合程度以及比较全资收购或是控股收购的成本及利益损失程度。

7. 基于国际经验（跨国网络、信息处理、知识吸收能力等）的多寡，随着母国并购方对东道国目标企业估值信息的掌握与评估程度的增大，海外并购股权比例的选择倾向性越低。

invalue 结论：全部样本和分类样本检验都显示了，海外并购股权比例的寻求程度与目标企业的估值之间呈显著的负相关关系，即凭借跨国经验，在充分的信息掌握与沟通前提下，对目标企业估值越大、准确率越高，则并购寻求的股权比例程度越低。该结论符合实际，即估值越大，支付要求越高。

此外，全部样本检验表明，控股程度的寻求与一国 GDP 增长率呈显著正相关，结果也符合预期。即随着一国经济发展水平的较快速增长，其吸引外来投资的活动也会越多，海外并购寻求较高股份比例的可能性也会增大。

第 6 章

结论启发与展望

6.1 实证结果及进一步讨论

本书整合了国际市场进入模式与海外并购研究的相关理论，从心理距离视角探讨了影响中国企业海外并购股权选择的因素及其影响效应。此前在中国对外投资的研究中，心理距离对于中国海外并购的股权意向及并购成功的影响效应未经很好地检验。本书收集了最近十年中国海外并购的数据样本，在构筑了理论概念模型的基础上，对 15 个变量进行了实证研究。研究发现，当前实施的"走出去"战略及"一带一路"国际化战略，为推动中国企业的海外并购提供了很大的操作空间。中国企业海外并购的高股权寻求行为既能用部分传统理论去解释，同时也有其特殊的异质性视角。中国的跨国投资与传统发达国家的跨国投资理论与实践存在一定的不同，反映出了其带有一定的特定情景。

根据验证结果，本书得到的主要结论如下：

1. 虽然对欧美等发达国家的心理距离感知较深，但中国企业经历了十余年的海外并购快速增长，特别是 2012 年后，以欧美等发达国家为并购目标国的数量快速增加，表明实力强的中国企业在发达国家的并购能力和意愿增强。国家对较高收益产业如金属采矿、石油开采、电网、医药、媒体等给予了支持。这些企业借助母国的政策优势及东道国在商业、市场、监管、投资者保护等方面的制度优势，选择进入到了地理距离及心理距离较大的东道国从事海外并购，具有较强的风险偏好且寻求了较高水平的股权比例。一方面，研究结果使我们认识到，在国际化进程中，政府的支持和正确引导非常必要；另一方面，需要我们充分研究并且加深认清心理距离的影响，重视其对海外投资的积极与负面作用。不可否认，在国际市场上仍处于未成熟期的中国跨国投资者，对于东道国环境中的投资机会识别与心理距离感知存在着一定的认识偏差，往往是低估了跨国投资风险程度而高估了盈利的机会。

2. 比较发达国家与中国的心理距离各个指数后发现，与欧洲特别是北欧国家相比，美国与我国的文化距离和制度距离相对接近，其经济、商业实践的确定性程度也较高，投机机会更有吸引力。但是，欧洲国家的制度套利优势更加明显，中国企业并购持股比更高。要指出的是，当今世界，资产避险更多地成为海外投资的主要动机，同时，其他新兴国家也走在鼓励跨国投资的道路上，未来的国际市场竞争会更加突出。受寻求市场、提高绩效、获取自然资源和战略资产等多元目标驱动，中国企业的这种高持股海外并购行为在今后较长时间必然会累积较大的风险，也预示着未来中国跨国公司对东道国心理距离的感知会更加复杂。

3. 国有大中型企业仍是新兴发展中国家海外投资的主力军，行业带有一定的垄断性，包括能源矿产、机械制造、金融、互联网等。这些行业的海外并购行为会遭遇到东道国政府更加严格的管制和干预，其高比例持股并购行为将受到抑制。虽然一段时期的海外经营使得这些企业累积了一定的跨国经验和一定的经济实力，在一定程度上具备了邓宁 OIL 理论中的所有权优势，能够冒着较高的心理距离风险去海外进行投资，但研究发现，其利用非市场优势的作用依然明显高于具备的所有权优势。其中，母国政府的高度参与（表现在政策、服务、信息等方面给以的支持），刺激了中国企业的海外投资，导致其较高的风险偏好，使得海外收购具有较高的股权比例倾向。

4. 本书的研究显著验证了这一假设，即制度距离越大，中国跨境并购的股权比例和金额反而不断增加。说明研究新兴发展中国家跨国投资的"套利论"观点仍然正确，中国海外并购的表现则更加显著。制度距离的正向效应一方面说明，我国与发达国家相比，在国家治理、市场经济、商业政策等方面的制度仍存在较大差距，有进一步改革的必要。而天生的全球化公司与国际市场新进者较少受到心理距离的影响，更多的是外在驱动因素决定了其在东道国增加资源与否的决策（Morosini et al.，1998）。与发展中国家比较，发达国家的制度优势是促使中国加大对发达国家跨国直接投资的驱动力之一。另一方面，中国企业在母国政策的支持下，也抓住了当今全球市场相对有利的投资机会，能够冒着较高风险开展海外并购，并寻求对并购公司的相应控制权，从而在一定程度上实现了有效整合"国内、国外"两种资源的国际化布局。

需要指出的是，国际经验和技术水平仍是当前国际化的首要约束，特别是发展中国家的跨国投资，更容易受到东道国政府政策、法律、信息披露质量等方面的影响，如何在此条件下，通过海外并购获取产业升级必需的关键技术、累积技术资源、提升企业整体研发和创新能力、逐步发掘特有的技术优势等思考，仍是中国企业"走出去"的关键课题。

5. 与之前学者的研究结果（张建红等，2012）不同的是，本书发现，中国企业在心理距离较大的东道国进行海外并购，其能源型和技术战略资产寻求型的并购动机并不明显。而在某些与中国心理距离较近的发展中国家，虽然其吸引外资的占比较少，中国企业基于寻求资源和寻求市场的动机，却进行了较多的直接投资（可能是样本来源不同的原因，张建红使用的样本时间区间是 2003 ~ 2009 年）。事实上，近几年来在心理距离较大的国家开展海外并购活动，中国企业表现出的一个特征是，并购数量增加和单件并购金额更大。同时，本书检验发现，2012 年以后市场寻求型的并购动机突出；对能源行业的并购在高持股区间，其全面控股并购的意愿更加强烈。我们推断，并购的股权比例决策会随着时间的推移、国际经验的累积、心理距离的逐步缓解而相机改变，且并购动机发挥了一定的调节作用。

6. 文化距离的影响并没有随时间变化而消失，但其影响的效力减弱。这一验证结果说明，中国对外直接投资（OFDI）的初级阶段地位仍然没有改变，受到文化距离影响这一事实也仍然没有改变，但是随着跨国经营的时间增加，调节了文化距离的影响程度，使其影响效力变得不那样显著了。这并非说明其发挥作用的本质发生了改变，而是揭示了文化心理因素可能更具隐蔽性和复杂性，对它的计量也更加困难。本书认为，虽然总体上文化距离不会显著地影响到企业是否进入东道国开展直接投资，即所谓的海克曼（Heckman）一阶段，但是却会负向影响到海外并购规模和寻求的股权比例分配。因此，文化距离影响的深度和复杂性仍值得进一步挖掘。

同时，语言差异是跨国投资需要考虑的另一个因素。本书的验证结果说明，语言距离越大，其对海外并购股权比例决策的负面影响越大，不能回避。

7. 当前中国企业的海外并购决策并未像发达国家跨国公司理论研究所揭示的那样，决策多数是从成本、风险的角度考虑，并在跨国经营经验和知识的积累过程中逐步加深投资力度和股权承诺，走一条渐进性国际化道路。本书的研究表明，中国的跨国投资大多是基于机会识别而非风险识别进行决策，与发达国家的跨国公司相比，缺乏较明晰的目标和较全面、缜密的投资战略。本书认为，中国企业需正视海外并购决策经验不足、谈判实力不够的现实，加强对目标企业的资产和财务状况进行准确评估的能力，尽量避免并购行动的盲目性和急迫性而易招致的东道国或合作人的误解；同时，做足并购前的尽职调查，尽力排除信息障碍导致的共享观念缺失和信任不足的心理倾向（这会给今后较长时期的海外并购活动及并购之后的整合过程埋下风险和隐患）。最近十年来，中国虽已成为全球增长最快的并购国，并且能够获得制度套利的好处，然而，本书的研究表明，中国企业海外并购的心理距离影响仍然较大，决策者的心理成熟度仍然较低，跨国投资仍有很长的学习之路要走。表 6 - 1 总结了本书的研究假设及其验证结果。

表 6 – 1　　　　　　　　　　本书的研究假设及其验证结果

研究假设	验证结果
随着母国与东道国地理距离的增大，海外并购股权比例的选择倾向越低	显著支持 但方向相反
随着母国与东道国文化距离的逐步增加，海外并购寻求的股权比例越低	不显著 语言检验支持假设
随着母国与东道国制度距离增加，海外并购股权的比例选择倾向越高	显著支持假设 尤其高股比持股
随着母国越是以东道国高技术企业为并购标的，海外并购股权的比例选择倾向越高，反之并购股权选择的比例越小	支持假设 不显著
随着母国与东道国商业实践差异的增加（即市场监管、企业投资信息披露程度比较），海外并购的股权比例选择倾向越高	部分支持假设 特别是 2012 年后样本
随着母国并购方对技术知识、能源、市场等战略资产寻求的动机增加，海外并购股权比例的选择倾向越高	部分支持 2012 年后市场动机显著 高股比能源动机显著
随着母国并购方对东道国目标企业估值信息的掌握与评估程度的增大，海外并购股权比例的选择倾向性越低	显著支持假设

　　总之，中国十年的并购数据表明，心理距离引致的海外投资风险和机会以及跨国公司对风险和机会的主动感知之间具有较强的关联性。中国的海外并购股权决策也必然受到心理距离的影响，这一事实不会改变。也就是说，对于未来要大跃步式地开展跨国经营的中国企业来说，心理距离影响的深度和复杂性值得进一步深思和检验，其影响的程度和方向仍存在某些悖论。

6.2　结论启发

6.2.1　结论启发——企业方面

　　当前，中国企业大踏步地进行海外直接投资的主要原因有三个方面：从经济环境角度看，我国现有的巨大外汇储备、一些产业投资过剩、产能过剩，使得企业"走出去"和资本输出逐渐成为趋势。部分具有实力的国有和民营跨国公司展开海外并购以获取全球资源和拓展海外市场。从市场环境角度看，部分企业在中国的市场已经趋于饱和，为逃离同质化的本地市场，企业积极去到海外开拓新市场，发展新渠道；从跨国企业角度看，发展国内领先企业并使其成为全球竞争者、缩小知识差距并使其从制造者转变为全球市场参与者、寻求合作机会和最具吸引力的资产并使潜在价值得到提升等战略意图成为中国众多企业对外并购的驱动因素。同时期，我国企业要实现结构转型及产品升级，需要借助海外并购提升其技术、品牌、渠道、人才等核心竞争力。基于全球及中国的宏观经济现状，未来跨境并购在中国并购市场的占比将越来越重。在此背景下，我们预期，随着欧美经济的复苏，发达东道国海外市场将越来越受到中国企业的青睐。

中国企业海外并购不仅要考虑到心理距离较小的国家就近取材，选择与自身业务匹配的目标，同时，还要能够进入到与母国环境差异较大的东道国开展投资，要善于利用第三方拉近并购方与被并购方的心理距离，并且要用积极的心态促进双方在经营理念、管理技能、创新与技术等方面的融合，以提高其海外并购成功率。国有企业特别是大型央企，有母国政策支持上的优势，其所处行业在某种程度上也是一些垄断行业，因而其国内实力是其他企业无法相比的。与央企跨境并购的多元化选择相比，大型、成熟的民营企业并购数量较少，但是不得不承认，这些民企的商业决策能力和对商业机会的判断，很多时候更为敏锐，而一些拥有技术、品牌、渠道的家族类目标公司股权结构往往清晰，进行海外收购交易价款、交易结构的谈判往往更容易达成一致，成功概率有时更大。无论国企还是民企，在机会面前，如果并购方能制定清晰的并购战略，明确自己在行业和竞争中的地位与不足，清楚地了解并购整合目标企业能给自己带来的真正收益、准确估计并购后的整合难度，就能更好地集中企业的核心业务、共享相互间的资源，把原有的非市场优势转变为市场竞争的强势，最终达成联合效应，形成规模经济。只有形成了并购后的规模经济，才会使企业在资金筹集、原材料采购统一平台的搭建、工艺、技术的持续改进等方面持续受益。并且，主体企业通过并购壮大核心业务的同时，各国分公司仍可进行专业化生产，以达到专业化的精益生产要求，最终实现真正的国际化。

作为经济增长方式转换的重要内容，中国正在最大限度地减少对出口投资的依赖，转而更多地寻求增值服务和技术升级。与以往不同的是，越来越多的中国企业不再靠扩大生产来谋求微薄的边际利润，而是意图追求更高的单位利润。这些利润往往分布在上游的设计和下游的分销、零售和品牌管理环节，而欧美发达国家是全球产业链高利润环节的主要集中区域。经济危机的蔓延拖累了西方实体经济，造成企业利润大幅下降、投资信心不足，自然成为中国企业并购扩张投资的目标市场。金融危机后，部分发达国家（包括美国在内）为了促进就业增长，纷纷将吸引外资作为经济发展的首要引擎，并推出更优惠的引资政策。但引起注意的是，欧美复苏经济的要求并没有减轻对发展中国家的心理距离，一个表现是政治制度、商业规则等方面的歧视和阻碍，特别是一些"泛政治化"言论的干扰构成中国国企海外投资的巨大障碍。如美国，技术转移是政商界人士对中国投资的一大担忧，其海外投资委员会（CFIUS，由商务部等 16 个机构选出代表）专门就外国投资给美国带来的国家安全影响进行审查，审查范围包括秘密信息持有公司、武器生产公司、电信公司等；美海外投资委员会一般重点审查对拥有关键技术的美国公司的收购案，尤其是反对外国政府对收购该类美国公司的本国企业提供刺激型支持。这些担心必然造成对中国企业在美投资的心理与客观屏障，使其收购后将高新技术的生产设备转移至中国的布局难以实现。美国这方面表现出的较大心理距离限制和影响在较长时间里预计不会减弱。

一些学者的研究表明，国有企业比民营企业容易受到东道国更复杂的制度压力影响（Klaus E Meyer，2014）。这些制度压力来自"公有制"，而公有制在一些国家的合法性较为薄弱。源自于意识形态的冲突（也是心理距离的表现），认为国有企业由于接受本国政府支持而导致不公平的竞争优势，会威胁到投资国家安全。因此，针对这些压力，如何采取适宜的国外市场进入策略以减少潜在的冲突和提高合法性，成为当前极其迫切需要解决的问题。就中国企业而言，除了需要更多地涉及与历练海外投资技能外，还需熟悉在东道国国投资的商业规则。如在并购行业选择方面，对那些容易引起国家安全顾虑的石油、天然气、港口、电力等公用公司或者涉及重要基础设施的行业，要审慎并认真地进行沟通准备，应当尽可能避开美海外投资委员会（CFIUS）年报所列之敏感行业而选择相对开放的领域，如能源中的可再生能源类等。

中国企业需要加强对投资项目的评估能力，特别是在市场论证和分析阶段要学会更多地寻求当地税务、法律等中介机构的帮助。另外，中国企业在向外国公众发布并购或投资消息时，应当第一时间进入该国审查机构进行解释说明，尽可能通过外国中介或合作公司游说关键议员以排除政治干扰。再者，中国企业发起并购时必须与利益相关者进行有效沟通，应同时备有应对遭遇否决的完整预案。除了与监管部门、国会议员等沟通之外，中国企业还需要关注社区领袖、媒体和竞争对手，并与之广泛地进行交流，唯有这样，才能提高海外投资的透明度，获得国外政府与公众的支持和体谅。

6.2.2　结论启发——政府方面

中国改革开放三十多年来，主要依靠出口推动和引资的经济发展格局发生重大转变，跨国直接投资将成为促进产业升级和保持经济增速的重要动力。这些变化伴随着中国政府的不断努力。2014 年 10 月召开的国务院常务会议决定，再次修订政府核准的投资项目目录，促进有效投资和创业。经此修订后，政府核准的投资事项比原来减少 40.0%。"这是本届政府进一步推进简政放权的体现，是对十八届三中全会提出的使市场在资源配置中起决定性作用的进一步落实。在当前复杂的经济形势下，对于进一步激发微观主体投资活力、拉动有效投资、推动创新创业具有重要意义。"国际经济交流中心咨询副部长王军如是说。投资项目目录的适时修订，是处理好政府与市场关系，落实企业投资自主权的关键所在。在 2013 年的修订过程中，已经取消、下放、转出 49 项，使得企业投资核准项目减少了 60.0%。继续坚持放管结合是转变政府职能、营造公平竞争环境、改革行政制度、强化后续监管、推动市场机制建设的重要举措。

在全球金融危机蔓延的背景下，资金约束是欧美企业特别是中小型企业普遍面临的难题，为防止资金链断裂、维持正常的经营活动，股权转让是普遍的解决办法之一。借助这个低成本并购的好时机，中国企业迎来了并购扩张的大规模增长。然而虽拥有相对丰裕的资金，却是关键技术、知名品牌、高层次管理和技术人才缺乏，因而通过参股或控股投资购买国际知名企业，可以使我们有机会分享其高品牌和市场带来的利益，获得高层次的管理经验和更多的科技人才。然而多年来，受制于海外并购经验少、与外国商业实践距离大、不熟悉国际规则或国内资本市场不成熟等因素的制约，我国企业海外并购的成功率不高，付出了较大的代价。尤其是一些政治障碍、心理偏见等方面，单靠企业自身的力量难以解决，需借助政府力量加以克服。因此，需要尽快完善政治制度和商业实践环境，以获得所谓"典缘"，减轻心理距离阻碍。当然，中国政府应避免直接干预，应尽量以参与国际规则制定、规范化海外投资政策等方式来帮助、反映企业诉求，减少东道国对中国企业的猜疑和敌意。

此外，目前我国海外并购的融资和支付方式主要靠自有资金和银行贷款进行现金支付的约束仍未改变。需要政府着力于创新重点领域投融资机制、为社会有效投资拓展更大空间。政策导向的投融资机制改革创新，有利于更加激发企业的发展潜力及活力，改善当前有效投资需求不足之状况。国内的这些拉近差距的改革也将极大地促进特别是鼓励实力雄厚、规模大的民营企业对国际融资机构和风险资本的利用及对"走出去"政策的充分利用。同时，政府有针对性地进行行业引导和扶持，有利于增强我国企业的海外融资能力，筑起海外融资渠道，增强跨国投资的支付能力和降低投资风险。

增强政治互信需要政府加强与相邻或发达经济体间的沟通，并以高标准模式进行投资谈判。中国政府应充分利用地缘和人缘优势，创造有利的投资合作环境，以降低对外投资的风险系数。一方面，进一步推进国有企业改革，特别是在产权结构和公司治理结构方面，应尽力以透明的信息发布企业所有权状况；另一方面，通过相互磋商，努力修正外国投资审程序中的商业竞争政治化势头，获取外方对国有企业治理结构的正确对待和尊重，以帮助中国国企投资主体得到正常的商业与经济机会。

作为国际市场的"新来者"，中国企业需要与政府共同应对东道国与母国在经济体制、行政治理、外资政策、宗教、法规、商业惯例等方面的差异，重视和解决双方文化理念冲突、工会行动及企业承担社会责任等方面的问题。特别是不能忽视这些宏观、微观要素折射出的心理距离在跨国投资中所起的重要作用。

6.3 中国企业海外并购股权选择的具体对策

在分析了心理距离的实证结果基础上，通过整合各个视角，本书提出了现阶段中国企业海外并购应采取的相应股权策略①。

6.3.1 产业视角

本书研究表明，具有相对竞争优势的产业在进行海外产业转移时，跨国企业应以全资或控股模式作为主要的进入方式。我国的一些民用家电如电视机、电冰箱、洗衣机等家用电器制造业和机床、摩托车、自行车、纺织、钟表等一般机械加工业，均属劳动密集行业，是技术方面比较成熟的强项，我国市场已趋于饱和或是生产能力相对过剩，前期依赖大量出口，目前却面临着与我国经济技术水平接近的其他发展中国家和新兴工业国家的激烈竞争，金融危机后还受到一些发达国家贸易保护条约的制约。因此，国内企业可以通过跨国全资投资模式来释放富余的生产能力，扩大国际市场份额；对以高新技术和创新能力要求为特征的产业，则应尽量扩大在发达东道国的投资，

---

① 薛君. 中国企业跨国投资股权策略探究 [J]. 管理现代化，2013（1）.

先采用参股直至逐步控股的海外并购模式为宜。

6.3.2 战略动因视角

许多研究表明，对发达国家直接投资的一个重要动因是学习其先进技术和管理经验。一个主要的途经就是要置身于拥有先进技术和管理经验的东道国环境中，利用其人才资源聚焦优势尽快培养自己的人才，以逐步实现自主研发先进技术。因此，从减少进入的心理距离障碍、加快进入速度、尽快获得短缺战略资源的角度看，应充分利用发达国家资本市场发达、开放度高的特点，那些资金充裕、拥有精通跨国经营业务又熟悉国际惯例的管理人员的企业，应尽量选择并购方式进入。在股权安排上，该类投资对股权无特殊约束且在有些方面还有利于学习开展的，可更多地考虑多数股权配置。特别注意的，对于进入技术程度较高、心理障碍较多的发达国家市场，如日本和北欧国家，参股并购对我国许多企业来说更为有利。如没有合适的并购对象，也可以考虑独资兴建或投资成本较小的研发机构。只有置身于先进技术和先进管理经验的区位环境中，有效利用其技术和管理经验的溢出效应，才能更有利于自主先进技术、新工艺和新产品的研究和开发工作。

以产业转移与市场寻求型对外直接投资为动因的我国企业，主要投资的地理区位是发展中国家，因此进入模式应以独资新建和全资并购为主。从东道国方面看，许多发展中国家与我国的心理距离较接近，出于其自身的政治和经济考虑，法律透明度不高，对外来直接投资的股权安排或并购进入等方面均有各种限制，而对均衡股权的合资企业比较欢迎。能利用非市场优势，同时也有适用的生产技术优势的我国企业在发展中国家一般会选择均衡股权方式，用技术、机器设备、原材料、知识产权等作为资本入股，既可以节约大量外汇资金、利用当地企业的市场开发优势，尽快占领市场，也可以利用合伙企业加强与当地政府的联系，利用好各种优惠政策，提高企业对外直接投资的成功率。"规模经济"是市场寻求型直接投资的一个重要动因。高新技术产业和新兴产业普遍具有规模经济性，只有领先占据市场的企业才能迅速降低生产成本，取得先动优势。以全球市场为目的，为培育高新技术产业和新兴产业而加大对欧美等市场规模较大的东道国的投资力度，已经成为发展中国家的一种必然的海外战略选择。

以寻求国外的自然资源为动因的跨国投资，能直接从国外取得低成本的自然资源供给，解决和弥补国内公司资源的不足困境。有丰富的自然资源的国家一度成为并购热门目标国，如东南亚的森林资源，西亚、中亚的石油、铁、钾等，拉美、中东欧等国的石油和天然气，美国、加拿大的矿产资源也比较丰富。我国一些大型专业贸易公司和生产企业如中国国际信托投资公司、中国冶金进出口总公司、中国化工进出口公司等，已提前在海外建立能源公司，以直接控制资源来源，为企业提供稳定的供应。目前我国开发的资源行业主要有矿业、林业、渔业、石油业等，总体来说，投资力度有限。受制于能源的国家安全论，对外直接投资应以参股模式为主。这样安排一是有利于与东道国建立长期互信的合作关系，有助于资源共享和缓解心理冲突，为确保长期稳定的海外资源供给奠定基础条件；二是对自然资源的开发，各国都有严格的控制，参股并购有利于获得东道国的许可与支持；三是资源开发型海外投资规模一般较大，而分担股权的投资利于降低投资风险。

6.3.3 知识与整合能力视角

一般来说，海外并购进入模式，可以获得对并购企业极其重要的资源；而通过新建进入模式的企业则要依靠本身所拥有的优质资源。因此，拥有优势资源的我国企业倾向于选择新建模式进入；而没有适当资源的企业倾向于选择并购进入。然而，海外并购相对于跨国新建要求更高的组织管理和知识整合能力。学者安德森和史文森（Anderson and Svensson，1994）指出，如果一个企业的组织和管理技能越强，企业选择海外并购的可能性越大，相反，如果一个企业的技术能力越强，选择绿地投资的可能性越大。与海外并购整合能力密切相关的是心理差异的整合。各国企业之间，由于在地域、规模水平、行业特点和历史传统上存在不同，这种差异性直接导致跨国企业经营思想、价值观念、工作方式、管理制度等方面的冲突。如目标企业与跨国企业之间心理距离较大，则其文化、管理方式等整合难度也较大，此时采取控股并购或不可取。因此，心理距离越大，意味着对其海外并购整合能力的要求也越高。

6.3.4 文化、制度环境视角

公司股权结构的安排及其不同的股权模式具有极强的"路径依赖"，都是在特定的政治、经济、法治、文化和历史等综合环境影响下较长时期演进的结果。因此脱离了具体的制度环境和历史背景来比较各种股权结构模式的优劣是毫无意义的。制度环境通常由规则、规范和价值观所构成，当企业进入外国，这些规则、规范和价值观会形成一种嵌入同构压力（Embedded Isomorphic Pressures），对企业进入模式选择产生显著的影响（Brouthers，2002；Slangen and Tulder，2009；Guler and Guillén，2010）。在影响公司股权结构安排的正式制度环境中，政府治理政策和法律无疑是约束力最强的制度安排。在影响公司股权结构安排的诸多非正式制度环境中，一国的文化价值信念、伦理规范、道德观念等对公司的股权结构安排有非常重要的影响。本书实证结果发现，东道国的政策法规等正式制度越健全，与中国的制度距离越大，中国企业越倾向于采取并购和高持股进入模式；东道国与中国的文化距离越大，中国企业越倾向于采取低持股或分享股权的进入模式；行业关联程度越高（一体化程度），企业则倾向于以新建而非并购的方式进入当地市场。因此结合文化、制度环境特征研究进入模式的股权选择，对于提高我国海外并购股权决策的成功率与提升企业的国际竞争力都具有重要意义。

6.3.5 跨国公司分阶段的股权策略

合适的股权安排是实现跨国公司海外经营收益最大化的关键之一。从跨国公司投资过程角度来看，股权安排是一个动态的过程，既包括跨国公司初入东道国时的股权安排，也包括经营若干年后对股权安排作出的重新调整。

初入东道国的股权安排。跨国公司如果更关注争取良好的经营环境、获得有利的资源条件等，较理性的选择是少量参股或非股权合作模式。从成本角度考虑，初次进入东道国，由经营环境的不确定带来的外部风险较大，因而选择少量参股或非股权合作有利于分摊这部分成本。新兴市场经济国家政府对外方股权占比限制较严格，而且市场发育相对不完善，则合资或分享股权的合作经营更有利于进入东道国。以后的扩张或终止投资取决于合资企业的经营业绩或者其他战略动机。

进入东道国后的股权调整。在东道国经营若干年后，随着东道国及跨国公司自身因素的变化，会适时对原来的股权安排做出调整。一是逐步增加股权直至全资。出于统一、协调其经营战略及获取更大的投资收益考虑，跨国公司倾向于将契约中约定的权利如版权、专利、商标权、技术诀窍等折合成股本投入，从而逐步取得少数或多数股权，成为合资经营甚至独资经营模式。对原有的股权安排，跨国公司往往会倾向于掌握更大的控制权。因为随着对外开放程度的提高，东道国政府尤其是新兴市场经济国家对外资股权占比管制可能趋于放松，资源的市场化配置水平不断提高，市场更趋有效，而跨国公司对东道国资源和当地合伙人的依赖性也逐步下降。随着经营经验的积累，由经营环境不确定性带来的外部风险成本逐渐减少。所以，跨国公司为确保经营利益，逐渐倾向于通过增资扩股掌握控股权甚至转为独资企业。对在华投资的跨国企业调研显示，跨国公司的独资、控股、实质性投资比例增加。政策的连续性和兑现度成为首要影响因素。部分产品供应行业在特定地区的聚集对行业的规模扩张起到积极的作用，形成吸引其他供应商、成品制造商进入该地区的良性循环。同时，"调研结果"还显示，在生产投资方面，有57%的跨国公司投资倾向于独资新建，高于37%的与企业合资的比例。在华跨国公司经营几年后，外方投资者增资扩股行为极为普遍，独资倾向日趋明显。这些增加股权的配置行为意味着心理距离得到了逐步缓解。

减少股权直至资本退出的策略。减少股权直至资本退出，是跨国公司保护既得利益及最大限度地避免继续损失的重要策略。从跨国公司角度看，可能出于以下原因：经营效果未能达到最初的预定目标；跨国公司的全球化战略发生变化；与当地合资方矛盾重重；控股甚至独资企业引起当地民族主义情绪问题等。从东道国的角度看，可能出现了政治、经济或文化等方面的重大变化。此时，跨国公司就会减少现有股权份额，或是撤出全部投资，出售、清算在东道国的资产。大量撤资行为有可能破坏与东道国政府的关系而造成长期损失，因而不能轻视。

综上所述，海外并购的股权安排是跨国公司实现其海外经营目标的一个核心策略，随着时间的推移，与东道国和跨国公司相关的各种情景因素均处在不断的变化之中，因此，股权安排也处于动态调整中。中国跨国企业应注重培养来自不同国家的员工，学习接受不同的思维方式，使投资双方能在未来企业的价值、管理模式、制度等方面达成心理共识。同时，注重融入东道国的本土治理文化中，加大与当地政府、企业以及科研机构的合作等，最终促使企业能更好地嵌入东道国的产业网络中。

6.4 本书的研究局限

受限于可得样本的数据信息，本书只研究了中国跨国公司的并购（M&A）进入模式，并未就跨国并购的产权重组与控制权转换的过程展开研究；鉴于对跨国公司决策者的个人经验、海外经历、背景等具体信息无法了解，则对决策者心理距离的非对称性感知及其并购决策的风险偏好等存在难以识别的困难，因而没有对此进行进一步的计量；由于样本局限，只从并购方的角度研究了中国企业跨国并购的样本，没有对被并购方企业的决策反应进行对应的研究。正如赫纳特和帕克（Hennart and Park，1993）的研究提到，在进入国外市场时，市场跟随者比起市场的领导者来说更倾向于并购方式，需要对比二者间的关系。学者肯科威尔和穆德布（Cantwell and Mudam-bi，2011）认为，在跨国并购的股权及控制权决策过程中，东道国企业对比外来竞争企业的地位如何影响到知识的搜寻行为与成本，这些主题需要谨慎关注。这说明，并购双方的竞争地位也是需要考虑的影响并购决策的一个重要因素。这些观点为作者今后开展进一步研究提供了有益的思路和方向。

附录 所有样本的地理距离、文化距离与制度距离计算结果

股权	行业（国标）	国家	空间距离	文化距离本文计算	文化距离参考Kogut & Singer公式	制度距离	年份
50.00%	石油和天然气开采业	阿根廷	19297.47	3.781550957	3.381550957	0.077515565	2010
100.00%	采矿业	阿根廷	19297.47	3.681550957	3.381550957	0.091572838	2011
32.50%	家用电力器具制造	埃及	7551.418	3.554645512	3.154645512	0.003945591	2010
33.33%	石油和天然气开采业	埃及	7551.418	3.254645512	3.154645512	0.106007833	2013
91.25%	钟表与计时仪器制造	奥地利	7468.012	3.382865965	2.882865965	0.626110589	2009
98.93%	电机制造	奥地利	7468.012	3.082865965	2.882865965	0.621057378	2012
10.00%	仪器仪表及文化、办公用机械制造业	奥地利	7468.012	2.982865965	2.882865965	0.621350921	2013
70.00%	光电子器件及其他电子器件制造	奥地利	7468.012	2.882865965	2.882865965	0.583735016	2014
70.00%	光电子器件及其他电子器件制造	奥地利	7468.012	2.882865965	2.882865965	0.583735016	2014
50.00%	有色金属矿采选业	澳大利亚	8956.436	4.671316089	4.171316089	0.642509577	2009
19.95%	有色金属矿采选业	澳大利亚	8956.436	4.671316089	4.171316089	0.642509577	2009

续表

股权	行业（国标）	国家	空间距离	文化距离本文计算	文化距离参考 Kogut & Singer 公式	制度距离	年份
100.00%	黑色金属冶炼及压延加工业	澳大利亚	8956.436	4.671316089	4.171316089	0.642509577	2009
100.00%	制造业	澳大利亚	8956.436	4.671316089	4.171316089	0.642509577	2009
51.00%	黑色金属冶炼及压延加工业	澳大利亚	8956.436	4.671316089	4.171316089	0.642509577	2009
50.10%	有色金属矿采选业	澳大利亚	8956.436	4.671316089	4.171316089	0.642509577	2009
19.90%	有色金属矿采选业	澳大利亚	8956.436	4.671316089	4.171316089	0.642509577	2009
51.00%	有色金属矿采选业	澳大利亚	8956.436	4.571316089	4.171316089	0.64968069	2010
66.00%	黑色金属冶炼及压延加工业	澳大利亚	8956.436	4.571316089	4.171316089	0.64968069	2010
51.00%	采矿业	澳大利亚	8956.436	4.571316089	4.171316089	0.64968069	2010
30.00%	煤炭开采和洗选业	澳大利亚	8956.436	4.571316089	4.171316089	0.64968069	2010
100.00%	煤炭开采和洗选业	澳大利亚	8956.436	4.471316089	4.171316089	0.656374052	2011
61.25%	非食用植物油加工	澳大利亚	8956.436	4.471316089	4.171316089	0.656374052	2011
100.00%	煤炭开采和洗选业	澳大利亚	8956.436	4.471316089	4.171316089	0.656374052	2011
30.00%	有色金属矿采选业	澳大利亚	8956.436	4.471316089	4.171316089	0.656374052	2011
24.00%	有色金属矿采选业	澳大利亚	8956.436	4.471316089	4.171316089	0.656374052	2011
72.17%	有色金属矿采选业	澳大利亚	8956.436	4.371316089	4.171316089	0.649644868	2012
22.96%	黑色金属矿采选业	澳大利亚	8956.436	4.371316089	4.171316089	0.649644868	2012

续表

股权	行业（国标）	国家	空间距离	文化距离本文计算	文化距离参考Kogut & Singer 公式	制度距离	年份
100.00%	有色金属矿采选业	澳大利亚	8956.436	4.371316089	4.171316089	0.649644868	2012
43.00%	其他采矿业	澳大利亚	8956.436	4.371316089	4.171316089	0.649644868	2012
100.00%	有色金属矿采选业	澳大利亚	8956.436	4.271316089	4.171316089	0.63130127	2013
12.84%	制造业	澳大利亚	8956.436	4.271316089	4.171316089	0.63130127	2013
80.00%	有色金属矿采选业	澳大利亚	8956.436	4.271316089	4.171316089	0.63130127	2013
100.00%	有色金属矿采选业	澳大利亚	8956.436	4.171316089	4.171316089	0.6101888	2014
50.79%	石油和天然气开采业	澳大利亚	8956.436	4.171316089	4.171316089	0.6101888	2014
97.50%	专用仪器仪表制造	澳大利亚	8956.436	4.171316089	4.171316089	0.6101888	2014
88.86%	固定电信服务	巴基斯坦	3882.877	1.847158802	1.147158802	0.139940395	2007
21.52%	黑色金属矿采选业	巴西	17614.3	2.377921965	1.877921965	0.169948681	2009
15.00%	黑色金属冶炼及压延加工业	巴西	17614.3	2.177921965	1.877921965	0.190193942	2011
100.00%	化学原料及化学制品制造业	巴西	17614.3	2.177921965	1.877921965	0.190193942	2011
100.00%	通信设备、计算机及其他电子设备制造业	巴西	17614.3	2.077921965	1.877921965	0.182405767	2012
100.00%	核力发电	保加利亚	7364.447	1.675089118	1.475089118	0.22274158	2012
35.00%	林业	比利时	7970.82	2.759000603	2.559000603	0.569258603	2012
100.00%	钟表与计时仪器制造	波兰	6947.899	2.857997901	2.457997901	0.405972464	2010
89.15%	汽车制造	波兰	6947.899	2.557997901	2.457997901	0.414679542	2013

续表

股权	行业（国标）	国家	空间距离	文化距离本文计算	文化距离参考Kogut & Singer公式	制度距离	年份
51.00%	仪器仪表及文化、办公用机械制造业	波兰	6947.899	2.557997901	2.457997901	0.414679542	2013
51.00%	有色金属矿采选业	玻利维亚	17389.85	2.944976407	2.744976407	0.00861791	2012
51.00%	有色金属矿采选业	玻利维亚	17389.85	2.944976407	2.744976407	0.00861791	2012
61.00%	有色金属矿采选业	玻利维亚	17389.85	2.844976407	2.744976407	0.000444645	2013
80.00%	畜牧业	丹麦	14937.48	5.094158444	4.994158444	0.69501086	2013
100.00%	汽车制造	德国	7785.342	2.191386221	1.791386221	0.601357924	2010
66.67%	制造业	德国	7785.342	2.091386221	1.791386221	0.599410153	2011
100.00%	通信设备、计算机及其他电子设备制造业	德国	7785.342	2.091386221	1.791386221	0.599410153	2011
20.00%	仪器仪表及文化、办公用机械制造业	德国	7785.342	2.091386221	1.791386221	0.599410153	2011
22.34%	钟表与计时仪器制造	德国	7785.342	2.091386221	1.791386221	0.599410153	2011
61.32%	电子计算机制造	德国	7785.342	2.091386221	1.791386221	0.599410153	2011
25.00%	电子元件制造	德国	7785.342	2.091386221	1.791386221	0.599410153	2011
100.00%	住宿业	德国	7785.342	1.991386221	1.791386221	0.602999717	2012
25.00%	仪器仪表及文化、办公用机械制造业	德国	7785.342	1.991386221	1.791386221	0.602999717	2012
100.00%	通信设备、计算机及其他电子设备制造业	德国	7785.342	1.991386221	1.791386221	0.602999717	2012
90.00%	钟表与计时仪器制造	德国	7785.342	1.991386221	1.791386221	0.602999717	2012
100.00%	仪器仪表及文化、办公用机械制造业	德国	7785.342	1.991386221	1.791386221	0.602999717	2012

续表

股权	行业（国标）	国家	空间距离	文化距离本文计算	文化距离参考Kogut & Singer公式	制度距离	年份
100.00%	钟表与计时仪器制造	德国	7785.342	1.991386221	1.791386221	0.602999717	2012
100.00%	仪器仪表及文化、办公用机械制造业	德国	7785.342	1.991386221	1.791386221	0.602999717	2012
100.00%	仪器仪表及文化、办公用机械制造业	德国	7785.342	1.891386221	1.791386221	0.602350916	2013
100.00%	汽车制造	德国	7785.342	1.891386221	1.791386221	0.602350916	2013
100.00%	仪器仪表及文化、办公用机械制造业	德国	7785.342	1.891386221	1.791386221	0.602350916	2013
10.00%	钟表与计时仪器制造	德国	7785.342	1.891386221	1.791386221	0.602350916	2013
75.00%	制造业	德国	7785.342	1.791386221	1.791386221	0.600038928	2014
29.00%	制造业	德国	7785.342	1.791386221	1.791386221	0.600038928	2014
75.00%	制造业	德国	7785.342	1.791386221	1.791386221	0.600038928	2014
45.00%	环境治理	德国	7785.342	1.791386221	1.791386221	0.600038928	2014
29.00%	制造业	德国	7785.342	1.791386221	1.791386221	0.600038928	2014
60.00%	煤炭开采和洗选业	俄罗斯	5795.045	2.255026686	1.955026686	0.057708394	2011
60.00%	汽车制造	俄罗斯	5795.045	2.155026686	1.955026686	0.050956959	2012
60.00%	石油和天然气开采业	俄罗斯	5795.045	1.955026686	1.955026686	0.065484709	2014
60.00%	有色金属矿采选业	厄立特里亚	7878.1	0.530813037	0.230813037	0.273108797	2011
100.00%	化学原料及化学制品制造业	法国	8225.232	3.240146318	2.340146318	0.592030064	2005
81.00%	仪器仪表及文化、办公用机械制造业	法国	8225.232	2.940146318	2.340146318	0.548547603	2008
100.00%	仪器仪表及文化、办公用机械制造业	法国	8225.232	2.840146318	2.340146318	0.526262378	2009

续表

股权	行业（国标）	国家	空间距离	文化距离 本文计算	文化距离参考 Kogut & Singer 公式	制度距离	年份
100.00%	电子元件制造	法国	8225.232	2.640146318	2.340146318	0.528433083	2011
100.00%	酒精制造	法国	8225.232	2.640146318	2.340146318	0.528433083	2011
100.00%	卫生材料及医药用品制造	法国	8225.232	2.540146318	2.340146318	0.522288141	2012
70.00%	仪器仪表及文化、办公用机械制造业	法国	8225.232	2.440146318	2.340146318	0.511403994	2013
100.00%	仪器仪表及文化、办公用机械制造业	法国	8225.232	2.340146318	2.340146318	0.466547784	2014
100.00%	应用软件服务	芬兰	6326.875	3.477980101	3.477980101	0.677705774	2014
100.00%	有色金属矿采选业	刚果（民）	11274.53	0.888416464	0.588416464		2011
51.00%	其他采矿业	哥伦比亚	14937.48	3.793064886	3.593064886	0.079453134	2012
100.00%	互联网信息服务	韩国	955.6511	0.679358274	0.279358274	0.401838033	2010
36.90%	制造业	韩国	955.6511	0.479358274	0.279358274	0.39591591	2012
100.00%	汽车制造	荷兰	7831.141	4.279860472	3.979860472	0.679970795	2011
51.00%	液体乳及乳制品制造	荷兰	7831.141	4.279860472	3.979860472	0.679970795	2011
29.90%	汽车制造	荷兰	7831.141	4.179860472	3.979860472	0.683791195	2012
50.00%	其他仓储	荷兰	7831.141	4.179860472	3.979860472	0.683791195	2012
75.00%	仪器仪表及文化、办公用机械制造业	荷兰	7831.141	4.179860472	3.979860472	0.683791195	2012
51.00%	农业	荷兰	7831.141	3.979860472	3.979860472	0.634982425	2014
60.00%	石油和天然气开采业	吉尔吉斯斯坦	3471.802	1.955026686	1.955026686	0.099266095	2014
100.00%	核力发电	加拿大	10598.32	3.661610393	3.161610393	0.656797976	2009
51.00%	有色金属矿采选业	加拿大	10598.32	3.661610393	3.161610393	0.656797976	2009

续表

股权	行业（国标）	国家	空间距离	文化距离本文计算	文化距离参考 Kogut & Singer 公式	制度距离	年份
60.00%	石油和天然气开采业	加拿大	10598.32	3.661610393	3.161610393	0.656797976	2009
88.20%	采矿业	加拿大	10598.32	3.561610393	3.161610393	0.654350165	2010
75.00%	有色金属矿采选业	加拿大	10598.32	3.561610393	3.161610393	0.654350165	2010
75.90%	有色金属矿采选业	加拿大	10598.32	3.461610393	3.161610393	0.650311739	2011
60.00%	其他采矿业	加拿大	10598.32	3.461610393	3.161610393	0.650311739	2011
100.00%	石油和天然气开采业	加拿大	10598.32	3.461610393	3.161610393	0.650311739	2011
100.00%	通信终端设备制造	加拿大	10598.32	3.461610393	3.161610393	0.650311739	2011
100.00%	其他采矿业	加拿大	10598.32	3.461610393	3.161610393	0.650311739	2011
100.00%	汽车制造	加拿大	10598.32	3.461610393	3.161610393	0.650311739	2011
100.00%	基础化学原料制造	加拿大	10598.32	3.461610393	3.161610393	0.650311739	2011
100.00%	通信设备制造	加拿大	10598.32	3.461610393	3.161610393	0.650311739	2011
51.00%	采矿业	加拿大	10598.32	3.361610393	3.161610393	0.650281224	2012
100.00%	其他采矿业	加拿大	10598.32	3.361610393	3.161610393	0.650281224	2012
100.00%	石油和天然气开采业	加拿大	10598.32	3.361610393	3.161610393	0.650281224	2012
35.00%	专用仪器仪表制造	加拿大	10598.32	3.361610393	3.161610393	0.650281224	2012
49.00%	石油和天然气开采业	加拿大	10598.32	3.361610393	3.161610393	0.650281224	2012
10.02%	生物、生化制品的制造	加拿大	10598.32	3.361610393	3.161610393	0.650281224	2012
50.00%	有色金属矿采选业	加拿大	10598.32	3.261610393	3.161610393	0.641094852	2013
19.90%	化学原料及化学制品制造业	加拿大	10598.32	3.261610393	3.161610393	0.641094852	2013

股权	行业（国标）	国家	空间距离	文化距离本文计算	文化距离参考Kogut & Singer公式	制度距离	年份
60.00%	广播、电视、电影和音像业	加拿大	10598.32	3.261610393	3.161610393	0.641094852	2013
27.60%	石油和天然气开采业	加拿大	10598.32	3.261610393	3.161610393	0.641094852	2013
40.00%	石油和天然气开采业	加拿大	10598.32	3.261610393	3.161610393	0.641094852	2013
17.40%	石油和天然气开采业	加拿大	10598.32	3.261610393	3.161610393	0.641094852	2013
20.00%	有色金属矿采选业	加拿大	10598.32	3.261610393	3.161610393	0.641094852	2013
49.00%	电力生产	加拿大	10598.32	3.161610393	3.161610393	0.620590559	2014
69.04%	石油和天然气开采业	加拿大	10598.32	3.161610393	3.161610393	0.620590559	2014
69.04%	石油和天然气开采业	加拿大	10598.32	3.161610393	3.161610393	0.620590559	2014
100.00%	石油和天然气开采业	加拿大	10598.32	3.161610393	3.161610393	0.620590559	2014
51.00%	石油和天然气开采业	加拿大	10598.32	3.161610393	3.161610393	0.620590559	2014
10.00%	化学原料及化学制品制造业	加拿大	10598.32	3.161610393	3.161610393	0.620590559	2014
80.00%	黑色金属冶炼及压延加工业	加纳	11831.63	4.069460293	3.569460293	0.180744489	2009
65.00%	通用仪器仪表制造	加纳	11831.63	3.869460293	3.569460293	0.198673707	2011
75.00%	林业	加蓬	11432.47	0.788416464	0.588416464	0.021427776	2012
100.00%	制造业	加蓬	11432.47	0.788416464	0.588416464	0.021427776	2012
40.00%	制造业	柬埔寨	3351.089	0.74482488	0.74482488	0.07889479	2014
100.00%	仪器仪表及文化、办公用机械制造业	卢森堡	7964.416	2.213966203	2.113966203	0.671108362	2013

续表

股权	行业（国标）	国家	空间距离	文化距离 本文计算	文化距离参考 Kogut & Singer 公式	制度距离	年份
35.00%	交通运输、仓储和邮政业	卢森堡	7964.416	2.113966203	2.113966203	0.634052163	2014
100.00%	电子计算机制造	美国	10993.68	4.743715648	3.743715648	0.60447106	2004
100.00%	锯材、木片加工	美国	10993.68	4.443715648	3.743715648	0.539951222	2007
100.00%	制造业	美国	10993.68	4.443715648	3.743715648	0.539951222	2007
30.00%	制造业	美国	10993.68	4.443715648	3.743715648	0.539951222	2007
33.33%	互联网信息服务	美国	10993.68	4.343715648	3.743715648	0.563879352	2008
100.00%	锯材、木片加工	美国	10993.68	4.343715648	3.743715648	0.563879352	2008
100.00%	仪器仪表及文化、办公用机械制造业	美国	10993.68	4.243715648	3.743715648	0.527520058	2009
100.00%	其他计算机服务	美国	10993.68	4.243715648	3.743715648	0.527520058	2009
100.00%	锯材、木片加工	美国	10993.68	4.243715648	3.743715648	0.527520058	2009
75.00%	卫生陶瓷制品制造	美国	10993.68	4.143715648	3.743715648	0.544972304	2010
100.00%	钟表与计时仪器制造	美国	10993.68	4.143715648	3.743715648	0.544972304	2010
50.00%	住宿业	美国	10993.68	4.143715648	3.743715648	0.544972304	2010
100.00%	制造业	美国	10993.68	4.143715648	3.743715648	0.544972304	2010
50.00%	电力、燃气及水的生产和供应业	美国	10993.68	4.143715648	3.743715648	0.544972304	2010
100.00%	其他计算机服务	美国	10993.68	4.143715648	3.743715648	0.544972304	2010
51.00%	卫生材料及医药用品制造	美国	10993.68	4.143715648	3.743715648	0.544972304	2010

续表

股权	行业（国标）	国家	空间距离	文化距离本文计算	文化距离参考 Kogut & Singer 公式	制度距离	年份
100.00%	汽车制造	美国	10993.68	4.143715648	3.743715648	0.544972304	2010
100.00%	酒的制造	美国	10993.68	4.143715648	3.743715648	0.544972304	2010
100.00%	互联网信息服务	美国	10993.68	4.043715648	3.743715648	0.546453302	2011
40.00%	钟表与计时仪器制造	美国	10993.68	4.043715648	3.743715648	0.546453302	2011
100.00%	餐饮业	美国	10993.68	4.043715648	3.743715648	0.546453302	2011
100.00%	其他计算机服务	美国	10993.68	4.043715648	3.743715648	0.546453302	2011
100.00%	制造业	美国	10993.68	4.043715648	3.743715648	0.546453302	2011
90.10%	零售业	美国	10993.68	4.043715648	3.743715648	0.546453302	2011
33.30%	石油和天然气开采业	美国	10993.68	4.043715648	3.743715648	0.546453302	2011
70.00%	核力发电	美国	10993.68	4.043715648	3.743715648	0.546453302	2011
32.00%	医药制造业	美国	10993.68	4.043715648	3.743715648	0.546453302	2011
100.00%	钟表与计时仪器制造	美国	10993.68	4.043715648	3.743715648	0.546453302	2011
100.00%	涂料、油墨、颜料及类似产品制造	美国	10993.68	4.043715648	3.743715648	0.546453302	2011
100.00%	住宿业	美国	10993.68	4.043715648	3.743715648	0.546453302	2011
70.00%	建筑业	美国	10993.68	3.943715648	3.743715648	0.546963328	2012
100.00%	生物、生化制品的制造	美国	10993.68	3.943715648	3.743715648	0.546963328	2012
66.67%	互联网信息服务	美国	10993.68	3.943715648	3.743715648	0.546963328	2012
100.00%	核力发电	美国	10993.68	3.943715648	3.743715648	0.546963328	2012
100.00%	仪器仪表及文化、办公用机械制造业	美国	10993.68	3.943715648	3.743715648	0.546963328	2012
100.00%	电影放映	美国	10993.68	3.943715648	3.743715648	0.546963328	2012

续表

股权	行业（国标）	国家	空间距离	文化距离本文计算	文化距离参考Kogut & Singer公式	制度距离	年份
70.00%	广播、电视、电影和音像业	美国	10993.68	3.943715648	3.743715648	0.546963328	2012
80.00%	电力生产	美国	10993.68	3.943715648	3.743715648	0.546963328	2012
100.00%	石油和天然气开采业	美国	10993.68	3.843715648	3.743715648	0.527425451	2013
100.00%	医疗仪器设备及器械制造	美国	10993.68	3.843715648	3.743715648	0.527425451	2013
50.00%	石油和天然气开采业	美国	10993.68	3.843715648	3.743715648	0.527425451	2013
100.00%	照明器具制造	美国	10993.68	3.843715648	3.743715648	0.527425451	2013
51.00%	制造业	美国	10993.68	3.843715648	3.743715648	0.527425451	2013
55.00%	咨询与调查	美国	10993.68	3.843715648	3.743715648	0.527425451	2013
100.00%	应用软件服务	美国	10993.68	3.843715648	3.743715648	0.527425451	2013
51.00%	软件业	美国	10993.68	3.843715648	3.743715648	0.527425451	2013
40.00%	石油和天然气开采业	美国	10993.68	3.843715648	3.743715648	0.527425451	2013
11.01%	化学药品原药制造	美国	10993.68	3.843715648	3.743715648	0.527425451	2013
70.00%	房地产开发经营	美国	10993.68	3.843715648	3.743715648	0.527425451	2013
11.31%	电力生产	美国	10993.68	3.843715648	3.743715648	0.527425451	2013
51.00%	交通运输、仓储和邮政业	美国	10993.68	3.743715648	3.743715648	0.493001569	2014
20.00%	化学原料及化学制品制造业	美国	10993.68	3.743715648	3.743715648	0.493001569	2014
55.00%	照明器具制造	美国	10993.68	3.743715648	3.743715648	0.493001569	2014
70.00%	其他房地产活动	美国	10993.68	3.743715648	3.743715648	0.493001569	2014
69.84%	化学药品制剂制造	美国	10993.68	3.743715648	3.743715648	0.493001569	2014

续表

股权	行业（国标）	国家	空间距离	文化距离 本文计算	文化距离参考 Kogut & Singer 公式	制度距离	年份
20.00%	化学原料及化学制品制造业	美国	10993.68	3.743715648	3.743715648	0.493001569	2014
100.00%	出版业	美国	10993.68	3.743715648	3.743715648	0.493001569	2014
25.00%	公共软件服务	美国	10993.68	3.743715648	3.743715648	0.493001569	2014
51.00%	交通运输、仓储和邮政业	美国	10993.68	3.743715648	3.743715648	0.493001569	2014

参 考 文 献

[1] 张一弛. 我国两岸三地对美直接投资的进入模式: 一项基于数据的分析报告 [J]. 管理世界, 2003 (10).

[2] 许陈生. 中国外商直接投资进入模式选择影响因素研究 [D]. 博士学位论文, 暨南大学, 2006.

[3] 汪旭晖. 国际零售商海外市场选择机理——基于市场邻近模型与心理距离视角的解释 [J]. 中国工业经济, 2005 (7): 119-126.

[4] 孙炎林, 胡松. 文化和地理因素对中国外商直接投资的影响 [J]. 国际贸易问题, 2004 (10).

[5] 潘镇, 鲁明泓. 在华外商直接投资进入模式选择的文化解释 [J]. 世界经济, 2006 (2).

[6] 鲁桐. 中国企业海外市场进入模式研究 [M]. 北京: 经济管理出版社, 2007.6.

[7] 黄速建, 刘建丽. 中国企业海外市场进入模式选择研究 [J]. 中国工业经济, 2009 (1).

[8] 韩崇胜, 叶娟. 中国企业国际化战略策略研究——以格兰仕为例 [J]. 中南经政法大学研究生学报, 2006 (5).

[9] 鲁桐. 海外市场进入模式理论综述. 世界经济前沿问题 (下) [M]. 北京: 社会科学文献出版社, 2007 (1).

[10] 孙炎林, 胡松. 文化和地理因素对中国外商直接投资的影响 [J]. 国际贸易问题, 2004 (10).

[11] 阎大颖. 企业能力视角下海外并购动因的前沿理论述评 [J]. 南

开学报哲学社会科学版，2006（4）.

[12] 周凌霄. 东道国文化环境对跨国公司对外投资行为的影响［J］.
亚太经济，2007（1）.

[13] 潘镇，殷华方，鲁明泓. 制度距离对于外资绩效的影响——一项
基于生存分析的实证研究［J］. 管理世界，2008（7）：103 – 115.

[14] 阎大颖. 国际经验、文化距离与中国企业海外并购的经营绩效
［J］. 经济评论，2009（1）.

[15] 王风彬，石乌云. 跨国公司外来者劣势及其应对策略［J］. 财经
问题研究，2011（8）：116 – 122.

[16] 邓明. 制度距离、示范效应与中国 OFDI 的区位分布［J］. 国际
贸易问题，2012（2）.

[17] 阎大颖. 制度距离、国际经营与中国跨国公司海外并购成败问题
研究［J］. 南开经济研究，2011（5）.

[18] 薛求知，韩冰洁. 东道国腐败对跨国公司进入模式的影响研究
［J］. 经济研究，2008（4）.

[19] 李雁晨，周庭锐，周琇. 解释水平理论：从时间距离到心理距离
［J］. 心理科学进展，2009（17）：667 – 67.

[20] 张建红、周朝鸿. 中国跨国公司"走出去"制度障碍研究——以
海外收购为例［J］. 经济研究，2010（6）.

[21] 柴国东，孙卓. 亚洲新兴市场跨国公司的"加速国际化"现象剖
析［J］. 中大管理研究，2012（7）.

[22] 任兵，郑莹. 外来者劣势研究前沿探析与未来展望［J］. 外国经
济与管理，2012，34（2）：27 – 34.

[23] 林委红，张璐. 中国企业海外并购的股权策略选择［J］. 财贸经
济，2013（9）.

[24] 霍杰，蒋周文，杨洪青. 心理距离对跨国公司进入模式的影响
［J］. 商业研究，2011（3）.

[25] 陈德金，李本乾. 心理距离对于国际化目标市场选择影响的实证

研究——基于澳大利亚出口市场 [J]. 软科学, 2011 (4).

[26] 陈怀超, 吴晓云. 合法性下制度距离对中国跨国公司国际市场进入模式的影响研究 [D]. 博士学位论文, 南开大学商学院, 2012 (6).

[27] 于成永, 施建军. 控制权私利下并购成功悖论形成机制研究 [J]. 国际贸易问题, 2012 (5), 129 - 137.

[28] 秦建红, 杨丽. 中国 OFDI 区位决定因素——基于地理距离和文化距离的检验 [J]. 经济地理, 2012 (12).

[29] 杜晓君, 刘赫. 基于扎根理论的中国跨国公司海外并购关键风险识别研究 [J]. 管理评论, 2012 (24): 18 - 27.

[30] 李凝. 中国跨国公司对外直接投资区位选择研究 [M]. 光明日报出版社, 2014.

[31] 张建红, 葛顺奇, 周朝鸿. 产业特征对产业国际化进程的影响——以海外并购为例 [J]. 南开经济研究, 2012 (2), 3 - 16.

[32] 胡兵, 邓富华. 腐败距离与中国对外直接投资——制度观和行为学的整合视角 [J]. 财贸经济, 2014 (4).

[33] 吴先明. 制度环境与我国企业海外投资进入模式 [J]. 经济管理, 2011 (4): 48.

[34] 姜玲艳. 心理距离对美国 OFDI 区位分别的影响分析 [D]. 博士学位论文, 湖南大学, 2011.

[35] 张景云, 刘畅, 杜来建. 海外并购沟通中的心理距离策略——中粮收购澳大利亚 Tully 糖业案例研究 [J]. 管理案例研究与评论, 2013 (6).

[36] 易江玲, 陈传明. 心理距离测量和中国国际直接投资——基于缘分视角的分析 [J]. 国际贸易问题, 2014 (7).

[37] 冀相豹, 葛顺奇. 母国制度环境对中国企业 OFDI 的影响——以微观企业为分析视角 [J]. 国际贸易问题, 2015 (3): 76 - 85.

[38] 万来伦, 高翔. 文化、地理与制度三重距离对中国进出口贸易的影响 [J]. 国际经贸探索, 2014, 30 (5).

[39] 付竹. 文化距离、进入模式与绩效 [D]. 博士论文, 西南财经大

学，2010.

[40] 易江玲，陈传明. 信息、感知与缘分视角下的心理距离研究评述与展望 [J]. 外国经济与管理，2015 (37)，5.

[41] 肖文、姜建刚. 境内企业兼并重组的影响因素研究——基于外资并购股权结构的分析 [J]. 国际贸易问题，2015 (2)：134 – 145.

[42] Luo Y. Determinants of entry in an emerging economy: A multilevel approach [J]. Journal of Management Studies, 2001, 38 (3): 443 – 472.

[43] Eric W K, Tsang. Influences on foreign ownership level and entry mode choice in Vietnam [J]. International Business Review, 2005, 14: 441 – 463.

[44] Andersson, U., Forsgren, M., & Holm, U. The strategic impact of external networks: subsidiary performance and competence development in the multinational corporation [J]. Strategic Management Journal, 2002, 23 (11), 979 – 996.

[45] Davis, L., Meyer, K. Subsidiary research and development, and the local environment [J]. International Business Review, 2004, 13 (3), 359 – 382.

[46] Luo, Y., & Zhao, H. Corporate link and competitive strategy in multinational enterprises: a perspective from subsidiaries seeking host market penetration [J]. Journal of International Management, 2004, 10 (1), 77 – 105.

[47] Nachum, L., Zaheer, S., & Gross, S. Does it matter where countries are? Proximity to knowledge, markets and resources, and MNE location choices [J]. Management Science, 2008, 54 (7), 1252 – 1265.

[48] Talay, M., & Cavusgil, S. Choice of ownership mode in joint ventures: an event history analysis from the automotive industry [J]. Industrial Marketing Management, 2009, 38 (1), 71 – 82

[49] Tsai, M. T., Yu, M. C., Lee, K. W. Relationships between subsidiary strategic roles and organizational configuration: the case of Taiwanese multinational companies [J]. International Journal of Commerce & Management,

2006. 16 (1), 3 – 14.

[50] Zou. H., Adam. M. B., Corporate Ownership, Equity risk and re-turns in the People's Republic of China [J]. Journal of International Business Studies, 2008, 39 (7): 1149 – 1168.

[51] Taylor C R, et al. A transaction cost perspective on foreign market en-try strategies of US and Japanese firms [J]. Thunderbird International Business Review, 1998, 40: 389 – 412.

[52] Theo E, Jong W K. Trade, foreign direct investment or acquisition: Optimal entry modes for multinationals [J]. Journal of Development Economics, 2005, 77: 207 – 228.

[53] Woodcock, C. P. Beamish, P. W. Makino, S., Ownership-based Entry Mode Strategies and International Performance [J]. Journal of International Business Studies, 1994, 25, (2): 253 – 273.

[54] Chen, S. S., & Hennart, J. Japanese investors' choice of joint ven-tures vs wholly-owned subsidiaries in the US: the role of market barriers and firm capabilities [J]. Journal of International Business Studies, 2002, 33: 1 – 18.

[55] Cuervo – Cazurra, A. Who cares about corruption? [J]. Journal of In-ternational Business Studies, 2006, 37: 807 – 822.

[56] Cuervo – Cazurra, A, Genc. M. Obligating, Pressuring and Support-ing Dimensions of the Environment and The non-market Advantage of Developing Country Multinational Companies [J]. Journal of Management Studies, 2011 (28): 441 – 455

[57] Chao. M. C. H., Kumar. V. The Impact of Institutional Distance on the International Diversity-performance Relationship [J]. Journal of World Business, 2010, 45 (1): 93 – 103.

[58] Delios, A., & Beamish, P. W. Ownership strategy of Japanese firms: transactional, institutional, and experience influences [J]. Strategic Management Journal, 1999 (20): 915 – 933.

[59] Dunning, J. H. The eclectic paradigm of international production: A restatement and some possible extensions [J]. Journal of International Business Studies, 1988. 19: 9 –31.

[60] Ghemawat, P. Distance Still Matters: The Hard Reality of Global Expansion [J]. Harvard Business Review, 2001, 79: 137 –47.

[61] Ghemawat, P. Redefining Global Strategy [W]. Boston: Harvard Business School Press, 2007.

[62] Madhok, A. Cost, value and foreign market entry mode: The transaction and the firm [J]. Strategic Management Journal, 1997, 18: 39 –61.

[63] Meyer, K. E. Institutions, transaction costs, and entry mode choice in Eastern Europe [J]. Journal of International Business Studies, 2001, 32: 357 –367.

[64] Kim, W. C. , & Hwang, P. Global strategy and multinational entry mode choice [J]. Journal of International Business Studies, 1992, 23: 29 –53.

[65] Erramilli, M. K. The experience factor in foreign market entry behavior of service firms [J]. Journal of International Business Studies, 1991, 22: 479 – 502.

[66] Erramilli, M. K. Nationality and subsidiary ownership patterns in multinational corporations [J]. Journal of International Business Studies, 1996, 27: 225 –248.

[67] Erramilli, M. K. , Agarwal, S. , & Kim, S. Are firm-specific advantages location-specific too? [J]. Journal of International Business Studies, 1997. 28: 735 –757.

[68] Erramilli, M. K. , & Rao, C. P. Service firms'entry-mode choice: A modified transaction-cost analysis approach [J]. Journal of Marketing, 1993, 57: 19 –38.

[69] Arndt, C. , & Oman, C. Uses and abuses of governance indicators [M]. Paris: OECD Development Center Study, 2006.

［70］Barkema，H. G. ，Shenkar，O. ，Vermeulen，F. & Bell，J. H. J. Working abroad，working with others：How firms learn to operate international joint ventures［J］. Academy of Management Journal，1997. 40：426 – 442.

［71］Beamish，P. W. ，& Banks，J. C. Equity joint ventures and the theory of the multinational enterprise［J］. Journal of International Business Studies，1987，18：1 – 16.

［72］Rugman，A. M. ，&Verbeke，A. A new perspective on the regional and global strategies of multinational services firms［J］. Management International Review，2008. 48.

［73］Rodriguez，P. ，Uhlenbruck，K. ，Eden，M. and ZurawickiL，Government Corruption and the Entry Strategies of Multinations［J］. Academy of Management Review，2005，383 – 396.

［74］Oded. Shenkar. Cultural Distance Revisited：Towardsa More Rigorous Conceptualization and Measurement of Cultural Differences［J］. Journal of International Business Studies，2001，32（3）：519 – 535.

［75］Eden. L. Miller. S. R. Distance Matters：Liability of foreignness，Institutional Distance and Owner Srategy［D］. Texas，Texas A&M University，2004.

［76］Gaur. A. S. ，Lu. J. W.. Ownership strategies and survival of foreign subsidiaries：Impacts of Institutional distance and experience［J］. Journal of Management，2007，33（1）：84 – 110.

［77］Scott，W. R. Institutions and organizations［M］. Thousand Oaks：Sage. 1995.

［78］Shenkar，O. Cultural distance revisited：Towards a more rigorous conceptualization and measurement of cultural differences［J］. Journal of International Business Studies，2001. 32：519 – 535.

［79］Slangen，A. ，Fortanier，F. ，& Van Tulder，R. The importance and dynamics of types of distance：An empirical test of Ghemawat's CAGE framework［W］. Presented at the Academy of Management Annual Meeting，2007. 3 – 8 August, Philadelphia.

[80] Stopford, J. M. , & Wells, L. T. Managing the multinational enter-
prise: Organization of the firm and ownership of the subsidiaries [M]. New York:
Basic Books, 1972.

[81] Yiu, D. , & Makino, S. The choice between joint venture and wholly
owned subsidiary: An institutional perspective [J]. Organization Science, 2002,
13: 667 –683.

[82] Zaheer, S. Overcoming the liability of foreignness [J]. Academy of
Management Journal, 1995. 38: 341 –363.

[83] Zaheer, S. The liability of foreignness, redux: A commentary [J].
Journal of Management, 2002. 8 (3): 351 –358.

[84] Heckman, J. Sample. selection bias as a specification error [J].
Econometrica, 1979 (47) 1: 153 –161.

[85] Hoskisson, R. E. , Wright, M. , Filatotchev, I. , & Peng, M. W.
Emerging multinationals from mid-range economies: The influence of institutions
and factor markets [J]. Journal of Management Studies, 2013, 50 (7): 1295 –
1321.

[86] Carine Peeters, Catherine Dehon &Patricia Garcia – Prieto, The at-
tention stimulus of cultural differences in global services sourcing [J]. Journal of
International Business Studies, 2015 (46): 241 –251.

[87] Arto. Ojala, Pasi Tyrvainen. . Impact of Psychic distance to the inerna-
tionalization behavior of knowledge-intensive SMEs [J]. European Business Re-
view, 2009, 21 (3) 203 –277.

[88] Anand, J. and A. Delios. Specificity and the Transferability of Down-
stream Assets to Foreign Subsidiaries [J]. Journal of international Business stud-
ies, 1997, 28 (3): 579 –603.

[89] Erramilli. M. K. , Nationality and Subsidiary Ownership Patterns in
Multinational Corporations [J]. Journal of International Business Studies, 1996,

27 (2): 225 – 248.

[90] Hofstede. Greet. Culture's Consequences [M]. Newbury Park. Calf. Sage Publications, 1980.

[91] Johanson, J. and Vahlne, J. E. . The Internationalization Process of the Firm: A Model of Knowledge Development and Increasing Market [J]. Journal of International Business Studies, 1977.

[92] Dow D. A Note on Psychological Distance and Export Market Selection [J]. Journal of International Marketing, 2000, 8 (1): 51 – 64.

[93] Padmanabhan, P. & Cho, K. R. Ownership Strategy for a Foreign Affiliate; An Empirical Investigation of Japanese Firms [J]. International Review, 1996 (36).

[94] Dunning J. International Production and Multinational Enterprises [M]. London: Allen and Unwin, 1981.

[95] Dunning. J. H. , Lamban. S. M. . Multinational enterprises and global economy [M]. Northampton, MA: Edward Elgar, 2008.

[96] Dunning, J. H. , Lundan, S. M. Institutions and the OLI paradigm of the multinational enterprise [J]. Asia Pacific Management Journal, 2008 25 (4): 573 – 593.

[97] O'Grady, S. , and Lane, H. W. The psychic distance paradox [J]. Journal of International Business Studies, 1996, 27 (2): 309 – 333.

[98] Cai, K. Outward Foreign Direct Investment: A Novel Dimension of China's Integration into the Regional and Global Economy [J]. China Quarterly, 1999, 160.

[99] Buckley P, L, Jeremy Clegg Adam R Cross, Xin Liu. The Determinants of Chinese Outward Foreign Direct Investment [J]. Journal of International Business Studies, 2007 (38): 499 – 518.

[100] Mathur, I. , M. Singh & K. C. Gleason. The Evidence from Canadian Firms on Multinational Diversification and Performance [J]. The Quarterly Review

of Economics and Finance, 2001, 41: 561 – 578.

[101] Beckerman W. Distance and the pattern of inter—European trade [J]. The Review of Economies and Statistics, 1956, 38 (I): 31 – 40.

[102] Johanson J. Wiedersheim—Paul F. The inter-nationalization of the firm: Four Swedish cases [J]. Journal of Management Studies, 1975, 12 (3): 305 – 323.

[103] Ganr A S, Lu J W. Ownership strategies and survival of foreign subsidiaries: Impacts of institutional distance and experience [J]. Journal of Management, 2007, 33 (1): 84 – 110.

[104] BoyacigillerN. The Role of Expatriates in the Management of Interdependence, Complexity and Risk in Multinational Corporations [J]. Journal of International Business Studies, 1990, 21 (3): 357 – 81.

[105] Nordstrom K A, Vahlne J E. Is the Globe Shrinking? Psychic Distance and the Establishment of Swedish Subsidiaries During the Last100 Years [M]. New York: St Martin's Press, 1994.

[106] Kogut B, Singh H. The Effect of National Culture on the Choice of Entry Mode [J]. Journal of International Business Studies, 1988, 19 (3): 411 – 432.

[107] Evans J. , Treadgold A. , Mavondo F. . Explaining Export Development through Psychic Distance [J]. International Marketing Review, 2000, 17 (2): 164 – 68.

[108] Demirbag M. , Glaister K. W. , Tatoglu E. . Institutional and transaction cost influences on MNE ownership strategies of their affiliates: Evidence from an emerging market [J]. Journal of World Business, 2007, 42 (4): 418 – 434.

[109] Dow D, Karunaratna A. . Developing a muhidimensional instrument to measure psychic distance stimuli [J]. Journal of International Business Studies, 2006, 37 (5): 578 – 602.

[110] Tsang E. W. K. . Influences on foreign ownership level and entry mode

choice in Vietnam ［J］. International Business Review, 2005, 14 （4）: 441 –463.

［111］ Tihanyi L. , Griffith D. A. , Russell C. J. . The effect of cultural distance on entry mode choice, international diversification, and MNE perform- ance: A meta-analysis ［J］. Journal of International Business Studies, 2005, 36 （3）: 270 –283.

［112］ Yiu D. , Makino S. . The choice between joint-venture and wholly owned subsidiary: An institutional perspective ［J］. Organization Science, 2002, 13: 667 –683.

［113］ Taylor C. R. , Zou S. , Osland G. E. . A transaction cost perspective on foreign market entry strategies of US and Japanese firms ［J］. Thunderbird In- ternational Business Review, 1998, 40 （4）: 389 –412.

［114］ Cleeve E. Themotives for joint ventures: A transaction cost analysis of Japanese MNEs in the UK ［J］. Scottish Journal of Political Economy, 1997, 44 （1）: 31 –43.

［115］ Hennart J. F. . The transaction costs theory of joint ventures: An empirical study of Japanese subsidiaries in the United States ［J］. Management Science, 1991, 37 （4）: 483 –497.

［116］ Gatignon N, Anderson E. The multinational corporation's degree of control over foreign subsidiaries: An empirical test of a transaction cost explanation ［J］. Journal of Law, Economics and Organization, 1988, 4 （2）: 305 –336.

［117］ Anderson E, Gatignon H. Modes of foreign entry: A transaction cost analysis and propositions ［J］. Journal of International Business Studies, 1986, 17 （3）: 1 –26.

［118］ Anderson E, Coughlan T. International Market Entry and Expansion via Independent or Integrated Channels of Distribution ［J］. Journal of Marketing, 1987, 51: 71 –82.

［119］ Paul Brewer . Psychic Distance and Australian Export Market Selection ［J］. Australian Journal of Management, 2007 （6）: 73 –94.

[120] Brouthers K D, Brouthers L E. Acquisition or Greenfield start—up Institutional, cultural and transaction cost influences [J]. Strategic Management Journal, 2000, 21 (1): 89 –97.

[121] Vernon – Wortzel, H. and L. H. Wortzel. . Globalizing Strategies for Multinationals from Developing Countries [J]. Columbia Journal of World Business, 1988 pp. 27 –35.

[122] Veuglers, R. Locational Determinantsand Ranking of Host Countries: an Empirical Assessment [J]. Kyklos, 1991, 44 (3): 363 –382.

[123] Robert Grosse, Len J. Trevino Foreign Direct Investment in the United States: An Analysis by Country of Origin [J]. Reviewed work(s), 1996, 27 (1): 139 –155.

[124] Ting Gao. Foreign Direct Investment in China: How big are the roles of culture and geography? [J]. Pacific Ecomomic Review, 2005, 10 (2): 153 –166.

[125] Hofstede, G. and Bond, M. H. The confucius connection: From cultural roots to economic growth [J]. Organizational Dynamics, 1988 (16).

[126] Kolstad, I. , Wig, A. What Determines Chinese Outward FDI [J]. Journal of World Business, 2010, 478 (2): 124 –132.

[127] Cheung, Y. W. , Suny, X. Q. Empirics China's Outward Direct Investment [J]. Pacific Economic Review, 2009, 14 (3): 312 –341.

[128] Flores, R. G. , Aguilera, R. V. Globalization and Location Choice: An Analysis of US Multinational Firms in 1980 and 2000 [J]. Journal of International Business Studies, 2007, 38 (7): 1187 –1210.

[129] Schneider, S. C. Strategy Formulation: The Impact of National Culture [J]. organization Studies, 1989, 10 (2): 149 –168.

[130] Shavin Malhotra, K. Sivakumar, Peng Cheng Zhu. Curvilinear relationship between cultural distance and equity participation An empirical analysis of cross-border acquisitions [J]. Journal of International Management, 2011 (17) 316 –332.

[131] Child J. , SekHong Ng, Christine W. Psychic Distance and Internationalization: Evidence from Hong Kong Firms [J]. International Studies of Management and Organization, 2002 (32): 36 – 56.

[132] P. Buckley, M. Casson . The Future of The Multinational Enterprises [M]. Homes & Meier, 1976.

[133] David J Teece. Transaction Cost Economics and the Multinational Enterprise: An Assessment [J]. Journal of Economic Behavior and Organization, 1986 (7): 21 – 45.

[134] Beckman C. M. , Haunchild P. R. . Network Learning: the Effects of Partners' Heterogeneity of Experience on Corporate Acquisitions [J]. Administrative Science Quarterly, 2002 (47): 92 – 124.

[135] Korneliussena, T. Blasiusb, J. The Effects of Cultural Distance, Free Trade Agreements, and Protectionism on Perceived Export Barriers [J]. Journal of Global Marketing, 2008, 21 (3): 217 – 230.

[136] Yamin, M. , and Sinkovics, R. R. Online internationalisation, psychic distance reduction and the virtuality trap [J]. International Business Review, 2006 (16): 339 – 361.

[137] Evans J, Mavondo F. Psychic Distance and Organizational Performance: An Empirical Examination of International Retailing Operations [J]. Journal of International Business Studies, 2002 (33): 515 – 32.

[138] Buckley, P. , Casson, M. The Optimal Timing of Foreign Direct Investment [J]. Economic Journal, 1981, 91 (361): 75 – 87.

[139] Anderson, J. E. The Theoretical Foundation for the Gravity Model [J]. American Economic Review, 1979, 69 (1): 106 – 116.

[140] Shavin Malhotra, Ajai S. Gaur. Spatial geography and control in foreign acquisitions [J]. Journal of International Business Studies (2014) 45, 191 – 210.

[141] Brewer, P. A. . Ope-rationalizing Psychic Distance – A Revised Approach [J]. Journal of International Marketing, 2007: 44 – 66.

[142] Brouthers K. D. Institutional, Cultural and Transaction Cost Influences on Entry Mode Choice and Performance [J]. Journal of International Business Studies, 2002, 33 (2): 203 – 221.

[143] Anand J, Delios A. Absolute and Relative Resources as Determinants of International Acquisitions [J]. Strategic Management Journal, 2002, 23: 119 – 134.

[144] Beckman C. M. , Haunchild P. R. . Network Learning: the Effects of Partners' Heterogeneity of Experience on Corporate Acquisitions [J]. Administrative Science Quarterly, 2002, 47: 92 – 124.

[145] Buckley P. , L. , Jeremy Clegg Adam R Cross, Xin Liu. The Determinants of Chinese Outward Foreign Direct Investment [J]. Journal of International Business Studies, 2007 (38): 499 – 518.

[146] Naomi J. Brookes, James Smith. Psychic distance in Global Operations Management [D]. POMS 18th Annual Conference, Dallas, Texas, U. S. A, May 4th—May 7th, 2007.

[147] Murali D. R. Chari, Kiyoung Chang Minority Acquisitions as a Strategy to Mitigate International Acquisition Risks [D]. Manuscript presented at the Academy of Management Conference, 2007.

[148] Sousa, C. M. P. , Bradley, F. Cultural distance and psychic distance: Two peas in a pod? [J]. Journal of International Marketing, 2006, 14 (1): 49 – 70.

[149] Sousa, C. M. P. Bradley, F. Cultural Distance and Psychic Distance: Refinements in Conceptualization and Measurement [J]. Journal of Marketing Management, 2008b, 24 (5/6) 467 – 488.

[150] Margaret Cording, Petra Christmann, L. J. Bourgeois, III. A Focus on Resources in M&A Success: A Literature Review and Research Agenda to Resolve Two Paradoxes [D]. Working paper, To be presented at Academy of Management, August 12, 2002.

[151] Dionysis Skarmeas, Constantine S. Katsikeas, Stavroula Spyropoulou, Esmail Salehi – Sangaric. Market and supplier characteristics driving distribu-

tor relationship quality in international marketing channels of industrial products [J]. Industrial, Marketing Management, 2008 (37) 23 – 36.

[152] Lars Hakanson, Bjorn Ambos. The antecedent of Psychic distance [J]. Journal of international Management, 2010 (16): 195 – 210.

[153] Jovo Carvalho Santos, et al. Industrial network membership Reducing psychic distance hazards in the internationalization of the firm [D]. Globadvantage Center of Research in International Business & Strategy . INDEA Campus . Working paper 2011.

[154] Thomas Leblomd. Distance: Perception and importance, A psychic distance construct and its relationship with the internationalization process of South – South – East Brazil and Quebec's SME [D]. The Universidad Federal do Paraná. CURITIBA, 2011.

[155] Robvan. Tulder. The past, present and future of managing distance: stakeholders and development [J]. Advances in International Management. 2010 (23).

[156] Shimizu. K, Hitt, M. A, . Vaidyanath, D. , Pisano, V. Theoretical foundation of cross-border Mergers and Acquisitions: A Review of current Research and Recommendations for the future [J]. Journal of International Management, 2004, 10 (3): 307 – 353.

[157] Stephan, Gerschewski. Improving on the Kogut and Singh metric of psychic distance [J]. Multinational Business Review, 2013, 21 (3): 257 – 268.

[158] Susan Freeman, Axele. Giroud,, Pau Kalfadellis and Porvoz Ghauri. Psychic distance and environment impact on increased Resource commitment [J]. European Business Review, 2012 (24) 4: 351 – 373.

[159] F. R. Root: Entry Strategies for International Markets, Lexington Books [M]. D. C. Heslth and Co, Lexington, Mass, 1987, 16 – 17.

[160] Hill, Peter W. L. and Kim W. C. An eclectic theory of the choice of international entry mode [J]. Strategic Management Journal, 1990 (11).

[161] Teece, David J. Competition, cooperation, and innovation: Organizational arrangements for regimes of rapid technological progress [J]. Journal of Economic Behavior & Organization, Elsevier, 1992 vol. 18 (1), pp. 1 −25, June.

[162] Neven, D. , Siotis, G. Technology sourcing and FDI in the EC: An empirical evaluation [J]. International Journal of Industrial Organization, Elsevier. 1996, 14 (5), 543 −560.

[163] Fosfuri, Andrea & Motta, Massimo. Multinationals without Advantages [J]. Scandinavian Journal of Economics, Wiley Blackwell, 1999, 101 (4): 617 −630.

[164] Forgen. M. The concept of learning in the Uppsala Internationalization process model [J]. International Business Review, 2002 (11): 257 −277.

[165] Cantwell, John A. & Dunning, John H. & Janne, Odile E. M. Towards a technology-seeking explanation of U. S. direct investment in the United Kingdom [J]. Journal of International Management, 2004. Elsevier, 47 (3): 264 −278, July.

[166] Guler. I. , Guillen, M. F. : Institustions and the internationalization of U. S venture capital firm [J]. Journal of international Business study, 2011. 4.

[167] Rui Huaichuan, Yip George S. Foreign acquisitions by Chinese firm: A strategic intent perspective [J]. Journal of World Business, 2009 (43): 213 −226.

[168] Rotting D. Institutional Distance, Social capital, and the Performance of Foreign Acquisition in the United States [D]. Florida: Florida Atlantic University, 2008.

[169] Rotting D, Reus T. H. Institutional Distance, Organizational Legitimacy, and the Performance of Foreign Acquisition in the United States [R]. Working Paper, 2009.

[170] Luo Y, Rui. H. An ambidexterity perspective toward multinational enterprises from emerging economies [J]. Academies of Management Perspective, 2009, 23 (4): 49 −70.

[171] Duanmu. J. L. , Firm heterogeneity and location choice of Chinese

multinational enterprises [J]. Journal of World Business, 2011, 47 (1).

[172] Cui. L. , Jiang. F. FDI entry mode choice of Chinese firms: A strategic behavior perspective [J]. Journal of World Business, 2008, 44 (4): 434 – 444.

[173] Kaufmann. D. , Krayy. A. , Zoido – Lobaton. P. , Aggregating Government Indicators [J]. The World Bank Policy Research Paper, 1999: 21 – 95.

[174] Haveman, H. A. , & Wang, Y. Going (more) public: Institutional isomorphism and ownership reform among Chinese firms [J]. Management an Organization Review, 2013, 9 (1): 17 – 51.

[175] Li, M. H. , Cui, L. , & Lu, J. Varieties in state capitalism: Outward FDI strategies of central and local state-owned enterprises from emerging economy countries [J]. Journal of International Business Studies, 2014. 45 (8): 980 – 1004.

[176] Meyer, K. , Ding, Y. , Li, J. , & Zhang, H. Overcoming distrust: How state-owned enterprises adapt their foreign entries to institutional pressures abroad [J]. Journal of International Business Studies, 2014, 45 (8): 1005 – 1028.

[177] Ping Deng. What Determines Performance of Cross – Border M&As by Chinese Companies? An Absorptive Capacity Perspective [J]. Thunderbird International Business Review 2010, 52 (6).

[178] Dunning. J. . H. International Production and Multinational Enterprises [M]. London: Allen and Unwin, 1981.

[179] Dunning J. H. The eclectic paradigm of international production: A restatement and some possible extensions [J]. Journal of International Business Studies, 1988, 19: 9 – 31.

[180] Benito & Gripsrud. The Expansion of Foreign Direct Investments: Discrete Rational Location Choices or a Cultural Learning Process? [J]. Journal of International Business Studies, 1992 (3): 461 – 476.

［181］ Malhorta. S. , Sivakumar. K. Ddistance factors and Target market selection: The moderating effect of Matket potential ［J］. International Marketing Review. 2009 （26）, 6: 651 –673.

［182］ Habib, M. , & Zurawicki, L. Corruption and foreign direct investment ［J］. Journal of International Business Studies, 2002. 33: 291 –307.

［183］ Shavin Malhotra, Ajai. S. Gaur. Spatial geography and Control in Foreign acquisitions ［J］. Juournal of International Business Studies. 2014 （45）, 191 –210.

［184］ Malotra, S. , Sivakumar, K. , Zhu, P. Distance factors and target market selection: the moderating effect of market potential ［J］. International Marketing Review, 2009, 26 （6）, 651 –673.

［185］ Chao. M. C. H. , Kumar. V. , The impact of Institutional Distance on the International Diversity – Performance Relationship ［J］. Journal of World Business, 2010, 45 （1）: 93 –103.

［186］ Katarina Blomkvist, Rian Drogendijk. The Impact of Psychic Distance on Chinese Outward Foreign Direct Investments ［J］. Management International Review, 2013, 53 （5）, 659 –686.

［187］ John. Child, Suzana B. Rodrigues. Psychic Distance, its Business Impact and Modes of Coping: A Study of British and Indian Partner SMEs ［J］. Management International Review, 2014, 54, （1）, 1 –29.

［188］ Alfredo. Jiménez, David de la Fuente. Learning from Others: the Impact of Vicarious Experience on the Psychic Distance and FDI Relationship ［J］. Management International Review, 2016 （1）, 1 –32.

后 记

本书是我在博士学位论文的基础上修改完成的。这本书能够顺利完成得益于博士学位五年多的修读生涯。从30多岁攻读硕士学位再到40几岁攻读博士学位，在北京的修读生涯是幸运的，然而，现在回首，其间也充满了艰辛。10几年的时间不知不觉地就飞快过去了，那些年是充实、紧张和难忘的，结识了一些可敬的学术前辈和志同道合的同辈。虽然博士论文的撰写过程艰难而曲折，值得欣慰的是，从中受到了众多师长的学术熏陶和教诲，也得到了众多学友和我亲人的鼎力支持与帮助，本书是我与所有帮助过我的人们共同努力的结晶。

要衷心地感谢我的导师王巾英教授，王老师收我做学生时已经是70多岁的高龄了，能够成为恩师的学生是幸运的！在博士论文的选题、开题和预答辩过程中，恩师一次次地悉心指导，使我开阔了思路，丰富了思想，也提升了学术研究的层次。各位导师的引导使我在经济学和管理学领域特别是跨国公司管理的专业知识和研究技能有了较大进步。除此之外，特别让我收获最大的是恩师在治学和为人方面的谆谆教导和言传身教，使我在教书育人及为人处世方面也深受影响，这些都成为我人生道路上的宝贵财富！

修读生涯培养了我掌握科学的研究方法，使我获益终身。感谢中央财经大学商学院的各位老师的培养，是他们的精辟见解和宝贵意见使得我对相关研究主题有了更多的想法和思路。与崔新建教授、孙国辉教授、林嵩教授等学者每一次难得的交流机会，都使我收获颇多，豁然开朗。没有他们的教诲和鼓励，我是没有勇气坚持下来的。还有一直关心和帮助着我的各位学友们，同门师弟孙朋军、卞亚斌、王建辉，师妹钟敏、冯丽娜等，几年来，我们互相督促，相互鼓励，是他们的陪伴使得我在求学的道路上尽力向前，不断进步。

　　本书的写作也离不开内蒙古财经大学的同事们，特别是学院领导周建民、唐丽颖两位教授的帮助，修读学位期间，是他们的支持与理解给了我更大的求学勇气和更多的学习时间；研究生院的陶克涛教授对本书的出版给予了支持，对他们的鼓励与支持表示衷心感谢。

　　当然，求学经历的所有这一切离不开我的家人对我多年来的照顾与支持，没有他们的付出，就很难按期完成学业。这些年，无论我身在何处、作何决定，他们都无怨无悔地陪伴着我、牵挂着我、支持着我，家人是我前行的永远动力！

　　本书的写作参阅了许多专家和学者的论著，他们的精辟观点带给我很多启发，在此表示感谢。由于本人学识有限，书中难免会有纰漏和错误，敬请各位专家提出宝贵意见。

薛　君
2017 年 11 月